CINEMA NEOREALISTA

CINEMA NEOREALISTA
LO SPLENDORE DEL VERO NELL'ITALIA DEL DOPOGUERRA
THE SPLENDOUR OF TRUTH IN POSTWAR ITALY

a cura di / edited by
Alberto Barbera

con la collaborazione di / with the collaboration of
Grazia Paganelli, Fabio Pezzetti Tonion

SilvanaEditoriale

MUSEO NAZIONALE DEL CINEMA

Presidente / President
Paolo Damilano

Direttore / Director
Alberto Barbera

Vice direttore e conservatore capo
Deputy Director and Chief Curator
Donata Pesenti Campagnoni

Assistente di direzione e coordinamento festival
Direction Assistant and Festivals Coordinator
Angela Savoldi

Comunicazione, promozione, PR
Communication, Promotion, PR
Maria Grazia Girotto

Ufficio stampa / Press Office
Veronica Geraci

Amministrazione / Administration
Erika Pichler

Coordinatore generale / General Coordination
Daniele Tinti

CINEMA NEOREALISTA
LO SPLENDORE DEL VERO NELL'ITALIA DEL DOPOGUERRA
THE SPLENDOUR OF TRUTH IN POSTWAR ITALY

Torino, Mole Antonelliana
4 giugno - 29 novembre 2015
June 4th - November 29th 2015

A cura di / Curated by
Alberto Barbera

Con la collaborazione di
With the collaboration of
Grazia Paganelli, Fabio Pezzetti Tonion

Progetto allestimento, installazioni scenografiche e grafiche
Exhibition design, scenography and graphics installation
Elena Maria D'Agnolo Vallan
(*Architetto scenografo*
Architect scenographer)
Marco Ostini (*Lighting designer*)

Ricerca iconografica
Iconographic research
Roberta Basano, Elena Boux

Selezione manifesti / Poster selection
Museo Nazionale del Cinema
Nicoletta Pacini, Tamara Sillo

Selezione documenti / Document selection
Archivio Museo Nazionale del Cinema
Carla Ceresa, Mauro Genovese

Selezione documenti / Document selection
Bibliomediateca "Mario Gromo"
Marco Grifo

Hanno inoltre collaborato alla ricerca iconografica e alla selezione dei materiali
Iconographic research and materials selection carried out also by
Caterina d'Amico, Silvia d'Amico Benedicò, Sergio Nicolai, Guglielmo Parisani

Centro Sperimentale di Cinematografia - Cineteca Nazionale:

Fotografie / Photographs
Antonella Felicioni

Documenti / Documents
Marina Cipriani, Laura Pompei

Film
Mario Musumeci, Viridiana Rotondi

Audiovisivi / Audiovisuals
Roberta Cocon, Cristina Monti
(*Montaggi Aula del Tempio e Cappelle*
Film editing Temple Hall and Chapels)
Ars Media, Torino (*Montaggi e video grafica Rampa / Film editing and video graphics Ramp*)
Stefano Gariglio, NeonVideo, Borgo D'Ale (VC)
(*Sottotitoli film / Film subtitles*)
Euphon Communication S.p.A., Torino

Riproduzioni fotografiche
Photographic reproductions
Giancarlo Tovo, Jana Sebestova
CSC - Cineteca Nazionale: Massimo Tucceri, Gian Paolo Falso, Ennio Lucciola

Segreteria e movimentazione opere
Exhibit handling and secretariat-office
Roberta Bonalanza, Claudia Bozzone

Coordinamento allestimento
Set-up coordination
Sabrina Mezzano

Con la collaborazione di
With the collaboration of
Paolo Bertuzzi

Realizzazione allestimento
Exhibition setting
Fargolegno, Divisione di Fargo Film S.r.l., Torino (*Realizzazione allestimento Exhibition setting*)
Ideazione S.r.l., Torino (*Realizzazione e stampa grafiche e immagini retroilluminate / Production of graphics and backlit photos*)
R.T.P. S.a.s., Torino (*Stampe immagini fotografiche / Photographic prints*)
Cienne S.n.c. di Gangemi A. & C., Torino (*Allestimento cornici / Frames display*)

Illuminazione / Lighting
Fargolegno, Divisione di Fargo Film S.r.l., Torino
C.S.G. Elettrotecnica Colzani S.r.l., Giussano (MB)

Accessibilità / Accessibility
Rocco Rolli - Tactile Vision Onlus, Torino
Anna Di Domizio - Consorzio Kairos / Associazione Nazionale Interpreti LIS, Torino
Paola Traversi

Immagine e grafica / Image and graphics
3D comunicazione S.a.s., Torino

Foto immagine guida mostra
Exhibition image photo
© Federico Patellani - Regione Lombardia / Museo di Fotografia Contemporanea

Restauro / Restoration
Paola Gallarini
Lucchini & Sanna Restauri, Torino

Traduzioni / Translations
Claudia Bozzone, Gail McDowell, Kathy Metzger

Attività didattica / Educational Activities
Progetto speciale percorsi di visita per studenti, classi III-IV-V del Liceo I. Newton di Chivasso
Special project visitor trails for students Classes III-IV-V from Liceo I. Newton in Chivasso; *Docenti / Teachers*:
Antonella Calzavara, Simonetta Sabello;
Coordinamento / Organization:
Paola Bortolaso

Gruppo di ricerca sulle fonti editoriali del neorealismo (corso di Storia e analisi del film, Università di Torino)
Research group for Neorealism publication sources (course in Film History and Analysis, University of Turin)
Stefano Andreoli, Francesco Carini, Federica D'Arpa, Giorgia Guizzi, Bianca Guzzardi, Cristina Vangone;
Docente / Teacher: Silvio Alovisio

Rassegna cinematografica / Retrospective
Stefano Boni, Grazia Paganelli

Hanno collaborato / Collaborators
Per / For Museo Nazionale del Cinema:
Alessandra Aimar, Antonella Angelini, Stefano Boni, Chiara Borroni, Sandra Giaracuni, Bianca Girardi, Helleana Grussu, Giovanna Lomonte, Guglielmo Maggioni, Elena Montaretto, Maria Riccobene, Mattia Tomatis, Roberta Zendrini

Trasporti / Transports
Artería S.r.l., Torino

Assicurazione / Insurance
Reale Mutua, Agenzia Antonelliana, Torino

Le opere in mostra provengono da
Works exhibited are from
Archivio Centrale dello Stato, Roma
Archivio Cesare Zavattini, Biblioteca Panizzi, Reggio Emilia
Archivio De Antonis, Roma
Archivio Fotostorico Dario Reteuna, Torino
Archivio Giuditta Rissone - Emi De Sica, Roma
Archivio Nazionale Cinematografico della Resistenza, Torino
Archivio personale di Renzo Rossellini, Roma
Archivio Storico del Cinema / AFE, Roma
Centro Sperimentale di Cinematografia - Cineteca Nazionale, Roma
Collezione Famiglia d'Amico, Roma
Fondazione Istituto Gramsci, Roma
Gallerie d'Arte Moderna e Contemporanea, Ferrara
Istituto Luce - Cinecittà S.r.l., Roma
La Cinémathèque française, Parigi
La Cinémathèque de Toulouse
Museo di Fotografia Contemporanea, Cinisello Balsamo (MI)
Museo Nazionale del Cinema, Torino
Reporters Associati, Roma
Settore Scuola Nazionale di Cinema, Biblioteca "Luigi Chiarini", Roma
Triworld Cinema, Roma

Un ringraziamento particolare
A special thanks
Caterina d'Amico, Silvia d'Amico Bendicò, Emi De Sica, Sergio Nicolai
e / and Renzo Rossellini

Si ringraziano per la collaborazione
Acknowledgments
Adriano Aprà
Franco Bozzacchi
Carlo di Carlo
Massimo Causo
Roberto Cicutto, Enrico Bufalini, Patrizia Cacciani, Maria Gabriella Macchiarulo, Davide Maggi, Orlando Siddi (Istituto Luce-Cinecittà)
Maria Pia Comand
Franco Della Posta
Giuseppe Gariazzo
Giordano Gasparini, Giorgio Boccolari, Roberta Ferri (Biblioteca Panizzi)
Natacha Laurent, Vincent Spillmann (La Cinémathèque de Toulouse)
Francesco Lizzani
Eugenio Lo Sardo, Margherita Martelli (Archivio Centrale dello Stato)
Giuseppe Longo
Gordana Miletic De Santis
Paola Olivetti
Maria Luisa Pacelli, Laura Benini, Laura Quaggia (Gallerie d'Arte Moderna e Contemporanea, Ferrara)
Stefania Parigi
Paola Petri
Carlo Alberto Pinelli
Dario Reteuna
Isabella Rossellini
Stefano Rulli, Marcello Foti, Emiliano Morreale, Gabriele Antinolfi (CSC - Cineteca Nazionale)
Augusto Sainati
Serge Toubiana, Arzura Flornoy, Isabelle Regelsperger (La Cinémathèque française)
Giuseppe Vacca, Silvio Pons, Giovanna Bosman, Arianna Pizzi (Fondazione Istituto Gramsci)
Roberta Valtorta, Maddalena Cerletti (Museo di Fotografia Contemporanea)
Arturo Zavattini

Il Museo Nazionale del Cinema - Fondazione Maria Adriana Prolo è a disposizione degli eventuali detentori di diritti che non sia stato possibile rintracciare / will be pleased to make the necessary arrangements with any copyright holders who could not thus far be located

I grandi mutamenti avvenuti nella pur breve storia del cinematografo, che vide la luce della prima proiezione pubblica centovent'anni fa, si sono spesso verificati di colpo e senza preavviso. Anche l'irruzione del neorealismo sulla scena artistica italiana si è prodotta all'improvviso. Pochi i segnali premonitori: una manciata di uomini sul fondo nei film di De Robertis, fari sparsi nella nebbia in quello di Franciolini e gli amanti ossessivi di Visconti, che provengono da una remota regione americana del *noir* di James Cain per approdare alla stagnante provincia della bassa Padana, tra campagna e paesi mai frequentati dai registi prima d'allora. Tuttavia, per diradare d'un sol colpo la cortina fumogena stesa sull'intero Paese dal cinema di regime bisogna attendere ancora un paio d'anni e la sfrontatezza avventurosa di un artista come Rossellini, che farà del rifiuto di ogni regola sino a quel momento rispettata il proprio credo. *Roma città aperta* è uno squarcio di luce nel buio di una guerra che tarda a finire, il primo atto di fiducia in un domani che appena s'intravvede. Ma anche il gesto fondatore, forse – o almeno in parte – inconsapevole, di una nuova estetica cinematografica, la creazione di una grammatica *antinormativa* che dà vita all'inedito linguaggio nel quale, per alcuni anni, l'Italia intera s'identificherà. "Contemplavamo le rovine dalle quali uscivamo coperti di polvere. Uscì dai nostri cuori un bisogno sincero e profondo di riconoscerci e di individuarci". Negli anni immediatamente successivi, non c'è regista italiano che non abbia risposto all'ideale appello evocato qualche tempo dopo da Rossellini con queste parole. E se ciascuno contribuì da par suo e secondo modalità proprie alla costruzione dell'edificio neorealista – cosa che fa del neorealismo non un vero e proprio movimento artistico, ma piuttosto la condivisione di un'esigenza identitaria, conseguente al disfacimento che aveva generato la tragedia della Seconda guerra mondiale –, non si può disconoscerne la decisiva vocazione collettiva e la spinta unitaria. Perché, prima

Over the short course of cinematographic history, which came into being one hundred and twenty years ago with the first projection in public, the great changes that have taken place have often done so suddenly and without warning. The irruption of Neorealism on Italy's artistic scene, too, came about unexpectedly. There were very few premonitory signs: a handful of men in the background in movies by De Robertis, scattered headlights in the fog in the film by Franciolini, and Visconti's obsessed lovers, who originated in a remote region in America in James Cain's noir and ended up in the stagnating provinces of the Lower Po Valley, surrounded by countryside and villages that had never before been frequented by filmmakers. Nevertheless, in order to disperse in one fell swoop the smokescreen that had been laid over the entire country by the cinema of the regime, it would take a few more years and the daring audacity of an artist like Rossellini, whose credo became the rejection of every rule that had been respected until that moment. *Rome, Open City* is a burst of light in the darkness of a lingering war, the first act of faith in a barely-glimpsed tomorrow. But it was also the founding gesture (perhaps – or at least in part – subconscious) of a new film aesthetics, the creation of an anti-regulatory grammar animating the unprecedented language in which, for a few years, Italy as a whole would identify itself. "We contemplated the ruins from which we were emerging, covered in dust. From our hearts came a sincere and profound need to recognize and identify each other." In the years right afterward, not one Italian director failed to respond to this idealistic appeal which Rossellini later made. And although each one of them contributed in his own way and with his own methods to form the neorealist construct (which makes Neorealism not a true artistic movement but rather a shared identitary need which arose from the decline that had generated the tragedy of World War II), its decisive collective vocation and unitary thrust cannot

ancora che una rivoluzione estetica, il neorealismo è stato un sovvertimento morale o, per dirla con Pier Paolo Pasolini, "il primo atto di coscienza critica del Paese" dopo la lunga notte del Ventennio fascista, che aveva oscurato le facoltà di discernimento e le capacità di reazione della popolazione allo scempio etico compiuto dal regime. Registi diversi per interessi e poetiche, lontani gli uni dagli altri per sensibilità artistica e appartenenza ideologica, si ritrovarono a condividere l'esigenza di un diverso approccio alla realtà e alla sua rappresentazione, capace di tradursi in un gesto tanto innovatore da far concludere a Martin Scorsese (molti decenni dopo, in occasione del suo viaggio critico e appassionato nel cinema italiano) che il cinema, tutto il cinema, "non sarebbe più stato lo stesso dopo il neorealismo". Il fatto è che l'esigenza morale fece tutt'uno con la necessità di sviluppare un nuovo linguaggio, ansioso di far piazza pulita delle convenzioni e degli stereotipi che avevano condizionato – poche eccezioni ammesse – i film realizzati fino a quel momento. Troppo si è scritto e detto per immaginare di poter aggiungere qualcosa di nuovo alla ricostruzione di quel periodo che è tra i più fecondi e affascinanti dell'intera vicenda artistica italiana del Novecento. Il percorso della mostra e i suoi materiali, che il presente catalogo accoglie in maniera pressoché completa, si propone dunque di offrire l'occasione, circoscritta ma non priva di una sua intrinseca necessità, di ripercorrere le tappe e le figure salienti del periodo compreso fra l'irruzione di *Roma città aperta* e l'inizio degli anni cinquanta, quando il cinema italiano – assimilate le principali innovazioni neorealistiche all'interno di un inedito paradigma linguistico – inizierà a evolvere sotto la spinta di altre forme e di altri generi e autori. Con l'aiuto di foto di scena e fotogrammi di film, documenti e corrispondenze, certificati e bozzetti, sequenze cinematografiche e testimonianze visive, sceneggiature originali, manifesti e pubblicazioni d'epoca, *Cinema neorealista* riaccende i riflettori sulla

be negated. Because, even before it was an aesthetic revolution, Neorealism was a moral subversion. In Pier Paolo Pasolini's words, it was "the country's first act of critical consciousness" after the long night of fascism, which had obscured the population's power of discernment and its ability to react to the ethical havoc the regime had wrought. The interests and poetics of these directors differed; their artistic sensitivities and ideological affinities were a far cry from one another's. But they found themselves sharing a need for a different approach to reality and its representation, able to translate itself into a gesture so innovative that it convinced Martin Scorsese (many decades later, on the occasion of his critical and passionate journey into Italian cinema) that cinema, all of cinema, "would never be the same after Neorealism." The fact is that the moral need fused with the need to develop a new language, eager to sweep away the conventions and stereotypes which had – with few exceptions – influenced the movies that had been made until then. Too much has already been written and said to even think we can add something new to the reconstruction of that period, one of the most fertile and fascinating of Italy's entire artistic output of the 20th century. Thus, the pathway of the exhibit and its material, which this catalog presents almost in its entirety, offer the opportunity (delimited but not without an intrinsic urgency) to trace the stages and the salient personalities of the period between the irruption of *Rome, Open City* and the beginning of the 1950s, when Italian cinema – having assimilated the major neorealist innovations within an innovative linguistic paradigm – began to evolve under the impetus of other forms, genres and filmmakers. With the help of set photos and frames from movies, documents and letters, certificates and sketches, film clips and visual evidence, original scripts, posters and publications of the era, *Neorealist Cinema* turns the spotlight back onto the scene occupied by the most significant directors of those years – Roberto Rossellini,

scena occupata dai registi più significativi di quegli anni – Roberto Rossellini, Luchino Visconti, Vittorio De Sica, Giuseppe De Santis, Alberto Lattuada, Carlo Lizzani – e dei loro più fedeli e rappresentativi collaboratori: gli sceneggiatori (Suso Cecchi d'Amico, Sergio Amidei, Rodolfo Sonego, Cesare Zavattini), i direttori della fotografia (Aldo Tonti, G.R. Aldo, Piero Portalupi). E se è vero, come da tutti riconosciuto, che l'onda lunga dell'influenza neorealista scorre lungo le stagioni successive (a cominciare dalle *nouvelles vagues* degli anni sessanta), accompagna le esperienze innovatrici delle diverse cinematografie emergenti (quella iraniana degli anni novanta, per esempio), giungendo a lambire con forza inesausta le coste frastagliate dei nuovi territori del cinema contemporaneo, non poteva mancare una sezione dedicata ai lasciti, tutt'altro che esauriti, di quella stagione irripetibile. Che ancora ci affascina e commuove, perché dentro quello specchio – che rimanda le immagini fortemente contrastate di un bianco e nero, metafora lampante della drammaticità del momento storico – non possiamo non cogliere il riflesso di ciò che eravamo e il presagio di quello che saremmo diventati.

ALBERTO BARBERA
Direttore del Museo Nazionale del Cinema di Torino

Luchino Visconti, Vittorio De Sica, Giuseppe De Santis, Alberto Lattuada, Carlo Lizzani – and their most faithful and representative collaborators: the screenwriters (Suso Cecchi d'Amico, Sergio Amidei, Rodolfo Sonego, Cesare Zavattini) and the cinematographers (Aldo Tonti, G.R. Aldo, Piero Portalupi). And if, as everyone says, it's true that the groundswell of neorealist influence flows through the later seasons (starting with the *nouvelles vagues* of the '60s) and accompanies the innovative experiences of the various emerging cinematographies (for example, Iran's in the '90s), lapping with tireless energy against the craggy coasts of the new territories of contemporary cinema, then we had to include a section dedicated to the legacy, which is anything but exhausted, of that unrepeatable season. Which still fascinates and moves us, because inside that mirror – which shows us the highly contrasted images of a black and white that is a stark metaphor for the dramatic intensity of that historical moment – we can't help but capture the reflection of what we were and the presage of what we were to become.

ALBERTO BARBERA
Director of the Museo Nazionale del Cinema of Turin

In copertina / Cover

**ROBERTO ROSSELLINI E GLI SCENEGGIATORI SERGIO AMIDEI
(NASCOSTO DIETRO AL MEGAFONO) E GIAN PAOLO CALLEGARI
DURANTE I SOPRALLUOGHI A STROMBOLI
ROBERTO ROSSELLINI AND SCREENWRITERS SERGIO AMIDEI
(HIDDEN BEHIND THE MEGAPHONE) AND GIAN PAOLO CALLEGARI
DURING THE LOCATION SCOUTING IN STROMBOLI**

Foto di / Photo by Federico Patellani, 1949
© Federico Patellani - Regione Lombardia / Museo di Fotografia Contemporanea

A pagina 2 / On page 2

OSSESSIONE / OBSESSION
Luchino Visconti, Italia / Italy, 1943

Provini di Clara Calamai per il film
Clara Calamai's screen tests for the film
Foto di / Photo by Elio Luxardo, 1942
Archivio Fotostorico Dario Reteuna, Torino

SOMMARIO / CONTENTS

14 **GIUSEPPE DE SANTIS**
Il neorealismo alleato naturale della democrazia
Neorealism, a Natural Ally of Democracy

20 **LUCHINO VISCONTI**
La verità senza alcun inganno
Truth without any Deceit

24 **ROBERTO ROSSELLINI**
Neorealismo e kitsch
Neorealism and Kitsch

28 **CESARE ZAVATTINI**
Tesi sul neorealismo
Thesis on Neorealism

32 **VITTORIO DE SICA**
Come insegno a recitare ai bambini
How I Teach Children to Act

39 **CATALOGO / CATALOGUE**

184 Filmografia essenziale del cinema neorealista
Basic Filmography of the Neorealist Cinema
A CURA DI / EDITED BY STEFANO BONI

GIUSEPPE DE SANTIS

IL NEOREALISMO ALLEATO NATURALE DELLA DEMOCRAZIA
NEOREALISM, A NATURAL ALLY OF DEMOCRACY

Il neorealismo era in quegli anni solo all'inizio del suo cammino. Ciò che aveva prodotto costituiva solo il primo taccuino d'appunti di un discorso che avrebbe dovuto – questo sì – allargarsi sempre più, essere approfondito sempre meglio, divenire sostanza cinematografica sempre più stimolante, sempre più critica, sempre più umana del mondo popolare. Ma non gliene fu dato il modo e il tempo. Si lottò contro di lui per evitargli appunto di svilupparsi e di crescere nell'unica direzione verso cui era naturale che crescesse.

Chi si affatica, ancora oggi, a rincorrere nomi e film, scritti e percorsi, stimoli e apparenze, per rinvenire i nonni e magari anche i bisnonni del neorealismo, farebbe meglio, invece, a indagare sempre più sulle ragioni più profonde che resero possibile la nascita di questo movimento.

Il neorealismo cinematografico non sarebbe mai nato senza la caduta del fascismo. Il neorealismo è l'antifascismo italiano. È la Resistenza italiana. È la nascita della democrazia in Italia. È il momento più alto, nell'arte, della democrazia stessa: la sua punta di diamante. Il neorealismo è l'Italia che si ribella contro tutte le oppressioni e i soprusi.

È da questi concetti – non ci sono fisime di natura estetica cui appellarsi – che bisogna partire se si vogliono definire, una volta per tutte, quali furono le autentiche linee ideali del neorealismo, se si vuole davvero comprendere sino in fondo che cosa fu il neorealismo, perché fu distrutto, e perché chi si schierò contro questa tendenza favorì, volente o nolente, i nemici della democrazia e frenò la spinta di libertà che animava tutto il movimento. È a queste posizioni di antifascismo e di democrazia che bisogna riferirsi sempre per ricercare anche quelle possibili premesse e quegli eventuali semi gettati, consapevolmente, durante gli anni del potere mussoliniano (da qualche rarissimo film o da altrettanto rare posizioni teoriche ben precise) allo scopo di determinare la nascita di un cinema nuovo che raccontasse dell'Italia tutta

Back then, Neorealism was only getting started. What it had produced was only the first set of notes for a debate which – in fact – was supposed to broaden, to be studied more in depth, to become an increasingly more stimulating, critical and compassionate cinematographic representation of the popular world. But it was given neither the means nor the time to do so. It encountered resistance that prevented it from developing and growing in the only natural direction it could have grown. Still today, those who make the effort to chase down names and films, writings and pathways, stimuli and appearances, to discover the grandparents and perhaps even the great-grandparents of Neorealism, would do better to investigate the most profound reasons that fostered the birth of this movement.

Neorealism in film would never have been born without the fall of fascism. Neorealism is Italian antifascism. It is the Italian Resistance. It is the birth of democracy in Italy. It is the highest moment, in art, of democracy itself: its cutting edge. Neorealism is the Italy that rebels against all oppression and abuse of power.

These concepts – there are no fixations of an aesthetic nature to invoke – are the starting points if we want to define, once and for all, the authentic, ideal lines of Neorealism; if we truly want to fully understand what Neorealism was, why it was destroyed, and why those who sided against this trend facilitated – willingly or not – the enemies of democracy and hampered the push for liberty that animated the entire movement. These positions of antifascism and democracy must be kept constantly in mind when searching (in some very rare film or equally rare and very precise theoretical positions) for the possible premises and the eventual seeds that were consciously shown during the years Mussolini was in power, in order to pinpoint the birth of a new cinema which could recount Italy's entire submerged and imprisoned reality, that was so carefully kept away from the regime's screens.

una realtà sommersa e imprigionata, accuratamente tenuta lontana dagli schermi di regime.

Si scoprirà, allora, che molte – la maggior parte – delle fughe di storici, di saggisti e di cinefili verso la scoperta di un neorealismo preesistente alla caduta del fascismo – nei segni di un facile e semplicistico documentarismo (*La nave bianca*), nell'uso della macchina da presa portata in ambienti veri (*Un pilota ritorna*), nel racconto di una presunta quotidianità rurale o piccolo borghese (*Quattro passi tra le nuvole*), nella raffigurazione di un mondo operaio o contadino ancorato a sentimenti di colpa o di peccato (*Fari nella nebbia*), secondo una tradizionale convenzione tutt'altro che laica, ma di assoluta marca cattolica – sono soltanto il frutto di pure deviazioni e fantasie intellettualistiche, o, nel migliore dei casi, di divertenti e saporite esercitazioni di alcuni incorreggibili strutturalisti, sopportabili, però, sino a quando non si arriva a concepire vere e proprie mistificazioni che sembrano dettate dal solo desiderio di togliere, a ogni costo, al neorealismo e alla sua scuola quei connotati che ancora oggi distinguono la sua vera linfa, la sua matrice più solida, la sua ispirazione più vitale.

Il neorealismo non fu soltanto – come si continua ancora da parte di tanti a ripetere e a equivocare – la macchina da presa portata nelle strade a contatto con un mondo vero; oppure gli attori scelti tra gente che di recitare non aveva mai sentito parlare; o ancora mettere in scena il quotidiano, alla buona, così come esso si presentava. No: questi furono solo alcuni degli attributi secondari, accessoriali, del neorealismo. A nulla, infatti, poteva servire immergere la macchina da presa in un mondo vero se poi di questo mondo non si sapeva cogliere la sua più complessa sostanza, la sua ricca problematicità, la sua nascosta poesia, le sue trasparenti apparenze come le sue oscurità più profonde. A nulla, infine, poteva servire la testarda ambizione o la fideistica credenza di inseguire la quotidianità di questo o quel personaggio se poi non si sapeva scegliere e selezionare, dare un volto e un

If we do so, we discover that many – most – of the thought processes of historians, essayists and cinephiles in search of a Neorealism that predated the fall of fascism – seeking signs of it in a superficial and simplistic documentary (*The White Ship*), in the use of movie cameras taken into real settings (*A Pilot Returns*), in the representation of a presumed rural or petty bourgeois everyday life (*Quattro passi tra le nuvole*), in the depiction of the world of workers or farmers clinging to feelings of guilt or sin (*Fari nella nebbia*) that are in keeping with a traditional convention that was anything but secular but clearly of a Catholic nature – are nothing more than the fruit of pure deviations and intellectualistic fantasies. In the best of cases, they are the amusing and piquant exercises of a few incorrigible structuralists who are only tolerable as long as they don't begin elaborating true mystifications that seem to be dictated by the sole desire of divesting, at any price, Neorealism and its school of those characteristics which, still today, represent its true nourishment, its most solid matrix, its most vital inspiration.

As opposed to what so many people continue to repeat and misconstrue, Neorealism wasn't simply the movie camera going out onto the streets, in contact with the real world; nor was it actors chosen from among people who had never heard of acting; nor was it an easygoing portrayal of daily life, just the way it presents itself. No: these were only a few of the secondary, accessorial aspects of Neorealism. In fact, it wouldn't have served any purpose at all to plunge the movie camera into the real world if you were incapable of grasping its more complex substance, its rich problematics, its hidden poetry, its transparent appearance and its deepest obscurities. In short, no purpose would have been served by stubborn ambition or the totally uncritical belief in following the daily life of this or that character, if you subsequently didn't know how to choose and select, to give a face and a meaning to the most representational moments

senso ai momenti più rappresentativi della sua condizione umana, riempire di concretezza i suoi gesti e i suoi atti anche più umili e apparentemente inutili. Non è vero, e non sarà mai vero, che tutto il quotidiano, mostrato alla rinfusa e senza una sua organicità, possa contenere un suo penetrante sentimento e una sua carica di emotività significativa. Non esiste, e non esisterà mai, una poesia della banalità e dell'ovvio, perché nel momento in cui il banale e l'ovvio diventano poesia cessano immediatamente di essere tali, e perché ciò vuol dire che in quel caso la loro matrice d'origine non era né banale né ovvia.

S'era cominciato a scrivere già a metà degli anni cinquanta, abbagliati dai primi segnali di un deviante boom economico, che i personaggi al centro di tanti film neorealistici – brutti, sporchi e cattivi, come direbbe il mio amico Scola – non facevano più parte della realtà italiana, e che fossero talmente mutati nei loro comportamenti sociali da essere divenuti oramai incredibili e privi di qualsiasi verità quando apparivano sugli schermi. Si descriveva, al confronto, un'Italia dove, tra il 1955 e il 1960, mancava poco che i ladri di biciclette, afflitti da troppo lavoro, se ne andassero in giro in Mercedes a controllare il lavoro di attacchinaggio di manifesti, operato oramai non più da uomini ma da macchine automatiche

**NON C'È PACE TRA GLI ULIVI
UNDER THE OLIVE TREE**
Giuseppe De Santis,
Italia / Italy, 1950

Sul set: a destra,
Giuseppe De Santis
On set: on the right,
Giuseppe De Santis
Foto di / Photo by
Elirio Invernizzi, 1950
Collezione Museo Nazionale
del Cinema

of their human condition, to give concreteness to their gestures and actions, even the humblest and apparently most pointless ones. It isn't true – and it never will be – that all of daily life, depicted haphazardly and without an organic structure, can contain penetrating sentiment and a significant charge of emotionalism. There isn't – and there never will be – a poetry of banality and obviousness, because the moment the banal and the obvious become poetry, they immediately cease to be such; it would signify that their original matrix had been neither banal nor obvious.

Already in the mid-1950s, dazzled by the first signals of a misleading economic boom, people began to write that the protagonists of many neorealist movies – ugly, dirty and mean, as my friend Scola would say – were not part of Italy's reality, and that their social behavior had changed to such a degree that these characters had become implausible and devoid of truth when they appeared on the screen. According to the critics, between 1955 and 1960 in Italy, it was almost a case of bicycle thieves burdened with too much work, driving around in Mercedes cars to control the affixing of posters, an act that was no longer carried out by humans but rather by automatic machines provided by the USA; in Sicily, the ground no longer shook because the fishermen now owned

inviateci dagli USA; dove la terra in Sicilia non tremava più perché i pescatori possedevano vaporetti per gitanti e pescherie private; dove i paisà(ni), sparsi in ogni angolo del Sud, venivano invitati al Nord con prodigiose offerte di occupazione e si rifiutavano di emigrare perché già ricchi a sufficienza; dove a Roma non solo alle ore undici, ma a tutte le ore del giorno, le dattilografe venivano rincorse dai datori di lavoro per essere assunte; dove gli Umberto D, P, C, S, raggiunte pensioni da alti funzionari, si prodigavano nelle elemosine a quei pochi sparuti disoccupati fermi ai cantoni delle strade perché non avevano alcuna voglia di lavorare.

Spariti i suoi protagonisti, si diceva, sparivano le ragioni di fondo che avevano dato vita al neorealismo, e con la sua fine era naturale che svanisse del tutto anche la sua poetica. Ma, ironia e paradossi a parte, pure ammettendo che in quegli anni alcuni dati potessero avere un indice di reale consistenza (del resto registrato ampiamente, già allora, in alcuni casi con incisivo sapore grottesco, dalle prime manifestazioni di commedia all'italiana), l'errore consisteva nel confondere la parte con il tutto: la formica con l'elefante.

Intanto, ciò che cambiava non faceva che arrecare, quasi sempre, altri guasti. La sua immagine più vistosa e illuminante aveva il volto, in quel momento, dei disastri edilizi dei grandi centri urbani, presi d'assalto, con la volontà dei governi e delle amministrazioni democristiane, da rapaci filibustieri del cemento, e prendeva corpo nello stravolgimento delle grandi arterie di comunicazione al cui posto si apparecchiavano autostrade e superstrade secondo un distorto piano di sviluppo economico, asservito solo agli interessi del capitale finanziario, dei potenti monopoli dell'industria dell'auto e dei suoi affini. Ma era, appunto, la formica; almeno in quegli anni!

E il resto? Tutto il resto? L'Italia viveva nelle campagne, nei paesi, sui latifondi, nelle fabbriche grandi e piccole, sulle montagne, nelle squallide periferie di città, nella sua sterminata e buia provincia dove,

---

ferryboats for trippers and private fishing boats; the *paisà(ni)*, scattered throughout every corner of the South of Italy, were enticed to the North by prodigious job offers but refused to emigrate because they were already rich enough; in Rome – not only at 11 a.m. but all day long – typists were chased by employers who wanted to hire them; and the various Umberto D, P, C, S, having achieved the pensions of high officials, lavished handouts on the few, gaunt, jobless people who were only standing on street corners because they had no desire to work.

As we said, if the protagonists of Neorealism had disappeared, so had the underlying reasons that had generated it; and with its demise, it was natural that its poetics would completely disappear, too. But, irony and paradoxes aside, even if we concede that, in those years, some facts did have an index of true consistency (and were extensively recorded – already back then – in the first manifestations of Italian-style comedies, in a few cases with an incisively grotesque flair), the error consisted in confusing a part with the whole: the ant with the elephant.

In the meantime, the changing situation was only – and almost always – causing new damage. At that time, its flashiest and most illuminating image was incarnated by the real estate development disasters in the large urban centers which, with the consent of the governments and the Christian Democrat administrations, had been stormed by predatory construction filibusterers. The great arteries of communication had been turned topsy-turvy, replaced by highways and freeways in accordance with a distorted economic development plan that only served the interests of financial capital, of the powerful automotive industry monopolies and their kin. But actually, this was merely the ant: at least during those years!

And the rest? What about all the rest? Italy lived out in the countryside; in the towns; on the estates; in the factories, large and small; up in the mountains; in the squalid city suburbs; in the immense and dark

invece, l'elefante, pur con il tanto decantato mutare dei tempi, camminava ancora con il passo lento e imperturbabile della conservazione, senza mai decidersi a imboccare la strada del suo cimitero.

Nessuno negava la crescita civile di larghi strati della popolazione, il maturare delle coscienze alla democrazia, un certo diffuso benessere anche tra i ceti popolari, la conquista di migliori rapporti tra il cittadino e lo Stato in tutte le sue molteplici espressioni. Ma s'è visto, persino a distanza di più di vent'anni, s'è visto con le drammatiche immagini televisive e le sconvolgenti foto apparse sui giornali all'indomani del terremoto nella Basilicata e nell'Irpinia, quanto mutato sia il volto emerso dalle macerie del contadino meridionale, che a me è sembrato venirmi incontro dal più profondo delle inquadrature di *Non c'è pace tra gli ulivi*, un mio film del 1949; s'è visto con i disoccupati e i senzatetto di Napoli come sia sparita la piaga della disoccupazione e della fame di case nel Mezzogiorno d'Italia; s'è visto alla FIAT di Torino quanto cambiati siano nei loro comportamenti sociali gli operai italiani. Altro che scioperi a rovescio!

Menzogne sopra altre menzogne. Tutti quei personaggi perdevano ora, con la strage del neorealismo, il loro più grande, più disinteressato, più incisivo alleato culturale nella battaglia per i loro diritti, nella denuncia del loro stato umano, nello scavo delle loro virtù come dei loro difetti. Un alleato che non sarà più possibile riconquistare se non a condizione di una grande svolta di rinnovamento politico e di una nuova, geniale impennata di tutte le forze del cinema italiano.

Giuseppe De Santis, in *Il fantasma della realtà*, a cura di Sauro Borelli, La casa Usher, Firenze 1990.

provinces. This – with the much-extolled changing of the times – is where the elephant was still walking at the slow and imperturbable pace of conservatism, without ever making up its mind to turn down the street leading to its cemetery.

Nobody denied the civilized growth of broad swaths of the population, the consciences maturing toward the idea of democracy, a certain widespread well-being even among the lower classes, the achievement of better relations between citizens and the State, in all its many expressions. But, even twenty years later, the day after the earthquake in Basilicata and Irpinia, the dramatic images on television and the distressing photos in the newspapers revealed just how much the southern Italian peasant's face had changed as he emerged from the rubble; he seemed to come at me from the most profound frame of my 1949 film *Under the Olive Tree*. The unemployed and homeless people of Naples revealed the degree to which the scourge of unemployment and the need for housing in Southern Italy had disappeared; the FIAT factory in Turin revealed to what extent the social behavior of Italian workers had changed. Strikes in reverse, indeed!

Lies on top of more lies. With the slaughter of Neorealism, all those people lost their greatest, most disinterested and most incisive cultural ally in the battle for their rights, in the denunciation of their human condition, in the excavation of their virtues and their defects. We will never be able to regain this ally unless there is a great change in political renewal and a new, brilliant outburst of all the forces of Italian cinema.

Giuseppe De Santis, in *Il fantasma della realtà* [*The Ghost of Reality*], edited by Sauro Borelli, Florence: La casa Usher, 1990.

LUCHINO VISCONTI

LA VERITÀ SENZA ALCUN INGANNO
TRUTH WITHOUT ANY DECEIT

Per quanto concerne il termine "neorealismo", nacque grazie a una corrispondenza che scambiai con il mio montatore Mario Serandrei, che si trovava a Roma e che è tuttora il mio montatore abituale. Vide la prima pellicola impressionata, i rulli di *Ossessione*, e mi scrisse una lunga lettera in cui diceva tra le altre cose: "Questo genere di cinema che vedo per la prima volta [...] lo chiamerei realismo". E di lì nacque veramente la parola neorealismo, è realmente nata da *Ossessione*. [...] Quello che *Ossessione* ha dato a quel tempo è facile e difficile da dire, perché ricordo perfettamente che le cose cambiarono dopo il film. Si ha un bel dire... "ma c'era già stato *La nave bianca* e *L'uomo dalla croce* di Rossellini, o *Uomini sul fondo* di De Robertis", ma di fatto questi film erano dei documentari. Mi pare che occorra assolutamente mettere da parte i due film di Rossellini citati, che erano fascisti, di propaganda fascista. De Sica girava ancora film come *Teresa Venerdì*, *Un garibaldino al convento* e fece, poco dopo *Ossessione*, *I bambini ci guardano* che era già nella stessa linea. Ricordo di aver incontrato un giorno De Sica che mi disse di aver visto *Ossessione* in visione privata, e che gli aveva fatto una grande impressione. Anche Blasetti mi parlò di *Ossessione*. Stava montando non so più quale film nella sala accanto a quella in cui io con Mario Serandrei montavo *Ossessione* e un giorno era entrato, aveva visto un frammento del film e ne era rimasto molto colpito. Come dire che *Ossessione*, tanto per il contenuto quanto per lo stile, aveva provocato una specie di *choc*, soprattutto perché in quel momento nessuno avrebbe voluto o potuto abbordare temi del genere. [...]

Credo in ogni caso, anche se è difficile dirlo, che tutta la produzione che seguì sia stata influenzata da *Ossessione*. *Roma città aperta* nasce in un altro momento e per ragioni diverse, a causa di necessità diverse. Ma *Desiderio* di Rossellini era una copia fedele di *Ossessione*: c'era innanzitutto Girotti, che era ripreso tale e quale. [...]

Regarding the term "neorealism," it was coined in an exchange of letters I had with my film editor Mario Serandrei, who was in Rome and who still is my regular film editor. He saw the first exposed film, the reels of *Obsession*, and he wrote me a long letter in which, among other things, he said: "This type of cinema which I'm seeing for the first time, [...] I'd call it realism." And from there the word Neorealism actually came about, it really was born with *Obsession*. [...] What *Obsession* provided back then is both easy and hard to say, because I remember perfectly well that things changed after this movie. It's simple to point out... "but there had already been *The White Ship* and *Man With a Cross* by Rossellini, and *S.O.S. Submarine* by De Robertis," but those movies were actually documentaries. I think we absolutely must set aside the two Rossellini movies mentioned above because they were fascist, they were fascist propaganda. De Sica was still making movies like *Doctor, Beware*, *Un garibaldino al convento* and, a short time after *Obsession*, *The Children Are Watching Us*, which followed along the same lines. I remember running into De Sica one day and he told me he had been to a private screening of *Obsession*, and that it had made a big impression on him. Blasetti, too, talked to me about *Obsession*. I forget which movie he was editing in the room next to the one where Mario Serandrei and I were editing *Obsession* and one day he came in. He had seen a clip of the film and had been quite moved by it. In the sense that both the contents and the style of *Obsession* had sparked a sort of shock, above all because at the time nobody wanted or was able to tackle themes like those. [...]

I think, in any case (even if it's hard to say so), that all the productions which followed were influenced by *Obsession*. *Open City* was created in another moment and for different reasons, because of different needs. But *Desire* by Rossellini was a true copy

Sono certamente uno dei primi ad aver visto *Roma città aperta*, perché Rossellini lo presentò in una saletta del ministero appena montato. Eravamo in circa venti persone. Ricordo che, alla famosa scena in cui la Magnani muore, fui il primo a far partire gli applausi perché ero veramente entusiasmato, ed era ciò che tutti provavamo. In quel momento persino una cosa diversa, ma che avesse corrisposto a quella, ci avrebbe fatto saltare sulle poltrone. Perché *Roma città aperta*, che ho in seguito rivisto, è un film modesto, ma che ha tuttavia il merito di rafforzare quella carica che in quel tempo tutti possedevamo. Perché allora ci si esaltava per una bandiera al vento, per una cannonata che colpiva nel segno. *Paisà*, che è un film piuttosto discontinuo, nell'insieme non regge il confronto malgrado uno o due passaggi molto belli, se lo si giudica oggi come un'opera d'arte compiuta. *Sciuscià*, al contrario, mi piacque molto subito, e avevo già amato il De Sica de *I bambini ci guardano*. Seguivo già De Sica con molto interesse e ammirazione; era il momento in cui io non lavoravo. Non ho lavorato per parecchi anni, perché i diversi progetti che sottoponevo ai produttori fallivano tutti. Il movimento

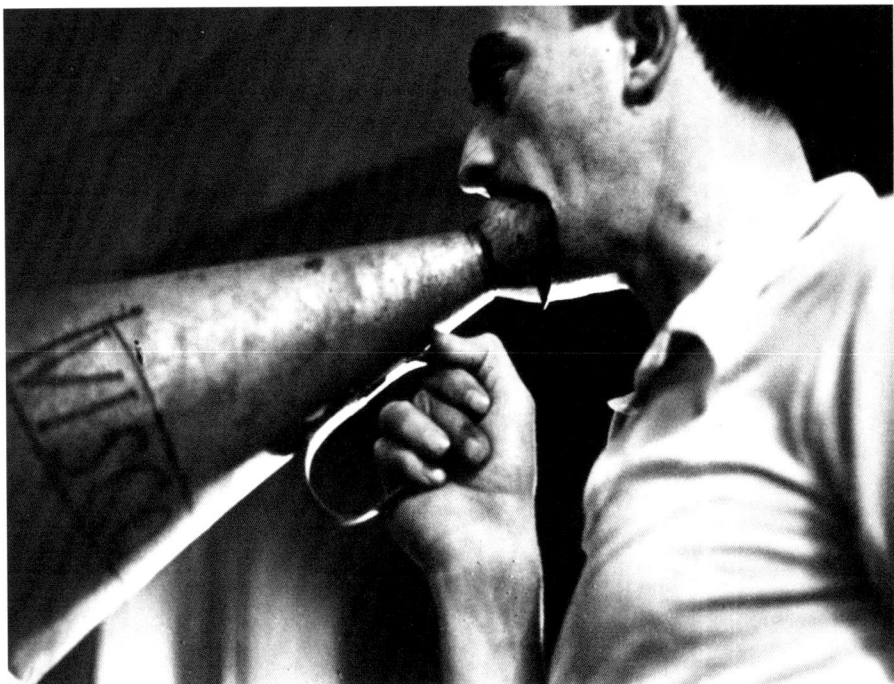

OSSESSIONE / OBSESSION
Luchino Visconti,
Italia / Italy, 1943
Luchino Visconti sul set
Luchino Visconti on set
Foto di / Photo by
Osvaldo Civirani, 1942
Fondazione Istituto Gramsci,
archivio Luchino Visconti,
Cinema

of *Obsession*: starting with Girotti, who was filmed in the exact same way. [...]
I am, without a doubt, one of the first to have seen *Rome, Open City* because Rossellini presented it in a small room at the ministry as soon as it had been edited. There were about twenty of us there. I remember that I was the first to start applauding at the famous scene where Magnani dies, because I was filled with enthusiasm, as were all of us. At that moment, even a different but corresponding scene would have made us jump in our seats. Because *Rome, Open City*, which I later saw again, is a modest film but it nonetheless has the merit of having strengthened that energy we all felt at the time. Because back then we got excited over a flag waving in the wind, or a cannon shot that hit its target. If it is judged today like a finished work of art, *Paisan*, a fairly discontinuous movie, couldn't measure up on the whole, despite one or two beautiful passages. On the other hand, I like *Shoeshine* a lot right from the start, and I already loved De Sica's *The Children Are Watching Us*. I had already been following De Sica with great interest and admiration; it was a moment when I wasn't working. I didn't work for

neorealista continuava, ma mi sembrava che la ricerca legittima di certi temi, di una posizione morale nei confronti della vita, passasse silenziosamente a compromessi di comodo. Come ad esempio *Vivere in pace* e le diverse commedie "sotto il sole di Roma", almeno quando le si vedono oggi, alla luce della trasformazione che hanno subito le cose. Le ragioni de *La terra trema* riguardavano anche, in fondo, questa perplessità che aumentava in me di giorno in giorno, vedendo che il movimento tralignava, perdeva il suo prestigio. Donde, a un certo punto, il bisogno di ritornare veramente alle origini, alla verità pura, senza alcun inganno. Senza montaggio prestabilito, senza veri attori, affidandosi realmente alla realtà e alla verità. E *La terra trema* fu anche una impresa difficile, che conobbe degli alti e bassi, momenti di crisi, battute d'arresto, ma che siamo riusciti a condurre fino in fondo (almeno il primo episodio, mentre il progetto primitivo ne prevedeva tre). Ricordo che, al tempo de *La terra trema*, la mia coscienza professionale mi diceva: "Devi farlo, devi arrivare alla fine e non devi fare alcuna concessione. Devi al contrario dimostrare che è la strada giusta, e che le altre sono ormai vie sbagliate" [...].

[Il neorealismo è una visione, *n.d.r.*] di carattere storico, e direi persino di più: di impegno morale, di impegno politico e, insomma, di impegno sociale. Perché le poche opere che sono rimaste e che rimarranno del neorealismo (sono sicuro che rimarrà molto poco; credo veramente che non ne sopravviveranno che tre o quattro) saranno quelle che avranno manifestato chiaramente questo impegno. Quanto alle altre, cadono nello scontato, e questo le compromette già un po'; o, ciò che è peggio ancora, cadono nei sottoprodotti. Sfortunatamente, ne abbiamo già viste molte e temo che si continuerà a vederne.

Montaggio di dichiarazioni tratto da Giuseppe Ferrara, *Luchino Visconti*, Seghers, Paris 1963.

several years because the various projects I proposed to the producers all fell through. The neorealist movement went on but it seemed to me that the legitimate research of certain themes, of a moral position regarding life, silently turned into convenient compromises. For example, *To Live in Peace* and the various "under the Roman sun" comedies, at least when we watch them today, in light of how things changed. The reasons behind *La terra trema* also regarded, basically, this perplexity which grew inside me day after day, as I watched the movement deteriorate, lose its prestige. Hence, at a certain point, the need to truly return to our origins, to the pure truth, without any deceit. Without preset editing, without real actors, really entrusting ourselves to reality and truth. *La terra trema* was also a difficult undertaking; it had its ups and downs, its moments of crisis and slack periods, but we managed to complete it (at least the first episode, whereas the original project had called for three). I remember that, at the time of *La terra trema* my professional conscience said to me: "You have to do it, you must complete it and without making any concessions. On the contrary, you have to show that it's the right path, and that the other ways are wrong by now." [...]

(Neorealism's vision [ed.]) is historical, and I'd go even further: its commitment is moral, political and, in short, social. Because the few films that remain - and that will remain - of Neorealism (I'm sure only very few will remain; I truly think that not more than three or four will survive) will be those which clearly manifested this commitment. As for the rest, they'll become predictable, and this already compromises them some. Or, worse, they'll become by-products. Unfortunately, we have already seen this happen many times and I'm afraid we'll continue to do so.

Edited statements taken from Ferrara, Giuseppe, *Luchino Visconti*, Paris: Seghers, 1963.

ROBERTO ROSSELLINI

NEOREALISMO E KITSCH
NEOREALISM AND KITSCH

Caro Brunello,

[...] eccoti – in sintesi – quello che penso sull'argomento da te trattato.

Il neorealismo è soprattutto l'arte della "constatazione" (cioè di un avvicinarsi con amore a una realtà obiettiva vista qual è, senza filtri di pregiudizi e di schemi). E quindi un prendere contatto diretto con l'uomo. Il neorealismo ha soprattutto valore come denuncia dei bisogni morali, spirituali, materiali, dell'uomo. È un mezzo per sollecitare le coscienze e per mostrare i problemi. È importante soprattutto oggi in un mondo affannato alla ricerca di soluzioni, e dove tutto è possibile.

La cultura popolare, che doveva avere una funzione precisa nella società moderna proprio per aiutare gli uomini alla soluzione dei problemi che li opprimono, è diventata unicamente un fatto industriale. Gli scopi culturali sono stati dimenticati e si è arrivati all'assurdo che la cultura occidentale è composta di fatto di due culture: la cultura tradizionale, che chiameremo "alta cultura", e la cultura popolare, che è diventata un prodotto corrente e manifatturato. Questa cultura popolare, che ha creato e si è servita dei nuovi mezzi di espressione, come la radio, i rotocalchi, i romanzi polizieschi, i romanzi d'avventura e di fantascienza, la televisione e il cinema, è forse più esatto chiamarla "cultura di massa" e ciò perché il suo carattere distintivo è unicamente quello di un articolo destinato al consumo della massa, come il "chewingum", e che sfrutta, piuttosto che soddisfare, i bisogni culturali delle masse. Il "kitsch" (parola tedesca che significa appunto "cultura di massa") è fabbricato da tecnici a servizio di uomini d'affari: il suo pubblico è formato da consumatori passivi che, ormai nutriti quotidianamente di kitsch, difficilmente riescono a percepire altri gusti. Ti ricordi quando assaggiasti la prima bottiglia di coca-cola? Ti piaceva? No. Ora è normale per ognuno di noi chiedere una bottiglia di coca-cola. Il kitsch, che è arte predigerita e che evita qualunque

Dear Brunello,

[...] here – in synthesis – are my thoughts regarding your topic.

Neorealism is, above all, the art of "observation" (that is, of lovingly approaching an objective reality and seeing it as it is, without the filters of prejudices or schema). And thus, it comes into direct contact with mankind. Neorealism's value, above all, lies in its denunciation of the moral, spiritual and material needs of mankind. It is a means for stimulating consciences and revealing problems. And it is particularly important in today's troubled world searching for solutions, where anything can happen.

Popular culture, which was supposed to serve the precise function in modern society of helping people find a solution to the problems that oppress them, has become nothing more than an industrial product. Cultural goals have been forgotten and we are now witnessing the absurd situation that sees Western culture, in fact, composed of two cultures: traditional culture, which we shall call "high culture," and popular culture, which has become a conventional, manufactured product. This popular culture, which has created and used new means of expression, like the radio, illustrated magazines, crime novels, adventure and science fiction novels, television and cinema, should perhaps more correctly be called "mass culture" because its distinctive character is simply that of an article destined for mass consumption, like chewing gum; it exploits, rather than satisfies, the cultural needs of the masses. "Kitsch" (a German word which means, in fact, "mass culture") is fabricated by technicians at the service of businessmen: its audience is formed of passive consumers who, since they are fed daily doses of kitsch, have difficulty perceiving other tastes. Do you remember the time you drank your first bottle of Coca-Cola? Did you like it? No. Now it's normal for all of us to order bottles of Coca-Cola. Kitsch is pre-digested art; it spares spectators all

ROBERTO ROSSELLINI DURANTE I SOPRALLUOGHI A STROMBOLI
ROBERTO ROSSELLINI DURING THE LOCATION SCOUTING IN STROMBOLI

Foto di / Photo by Federico Patellani, 1949
© Federico Patellani - Regione Lombardia / Museo di Fotografia Contemporanea

sforzo allo spettatore, che la inghiotte con facilità, a questa immediatezza di consumo aggiunge la facilità di produzione (dovuta alla standardizzazione) e si capisce perché si sia sviluppato con tanta rapidità. Però alla fine della guerra i nostri produttori di kitsch ebbero una battuta d'arresto. Contemplavamo le rovine dalle quali sbucavamo coperti di polvere. Uscì dai nostri cuori un bisogno profondo e sincero di riconoscerci e di individuarci. Dalla nostra posizione morale, che ci imponeva di capire l'assurda tragedia alla quale eravamo sopravvissuti, nasceva il neorealismo. Era un avvicinarsi all'uomo con uno spirito assoluto di amore e di solidarietà e da questo incontro umano è scaturita una così profonda emozione che noi non vogliamo più abbandonare questa posizione, il suo nucleo. Anche ora che (essendosi riorganizzati i produttori di kitsch) il neorealismo è assediato, e isolato. Per fortuna questa ipernutrizione di kitsch ha incominciato a creare l'indigestione. I segni della crisi sono evidenti. E siccome spero che questa crisi si verifichi, il neorealismo sarà ancora una forza vivissima. È la fiducia assoluta che noi abbiamo nell'uomo quella che ci impone di seguitare nella nostra strada. Gli uomini intossicati e obnubilati dal kitsch potranno provvisoriamente non capirci, ma quando questa intossicazione li disgusterà, troveranno ancora qualcosa a cui appoggiarsi.

Ti abbraccio.

Roberto Rossellini

Roma, 19 dicembre 1955

Prefazione, in Brunello Rondi, *Il neorealismo italiano*, Guanda, Parma 1956, pp. 9-11.

effort, since they can swallow it with ease. Add to this immediacy of consumption its ease of production (thanks to standardization) and you can see why it has developed with such speed. But our producers of kitsch hit a snag at the end of the war. We contemplated the ruins from which we were emerging, covered in dust. From our hearts came a profound and sincere need to recognize and identify each other. Neorealism was born from our moral position, which obliged us to understand the absurd tragedy we had survived. It was a way of approaching mankind with an absolute spirit of love and solidarity, and this human encounter sparked such a profound emotion that we no longer want to abandon this position, its nucleus. Even now that Neorealism is under siege and isolated (since the producers of kitsch have reorganized themselves). Luckily, this hyper-nutrition of kitsch has begun to create some indigestion. The signs of the crisis are evident. And since I hope this crisis will come about, Neorealism will still be a truly vital force. It is our absolute faith in mankind that obliges us to persevere on our path. The people who have been intoxicated and obnubilated by kitsch might not understand us at first, but once this intoxication disgusts them, they will still find something they can lean on.

With a hug,

Roberto Rossellini

Rome, December 19, 1955.

Preface to: Rondi, Brunello, *Il neorealismo italiano*, Parma: Guanda, 1956, pg. 9-11.

CESARE ZAVATTINI

TESI SUL NEOREALISMO
THESIS ON NEOREALISM

Due osservazioni preliminari:
1. Il neorealismo è oggi la nostra sola bandiera. Fuori dalla portata critica di questa parola si rischia di non intenderci più. Il neorealismo è la base dell'unico e vitale movimento del cinema italiano; perciò ogni discussione seria e approfondita deve avvenire all'*interno* del neorealismo. I modi di muoversi nell'ambito del neorealismo possono essere tanti, ma l'unità è data da un fronte comune di lotta e di ispirazione, di consapevole interesse sociale.
2. Il neorealismo non è un movimento di natura strettamente storica – nel senso che attinga a grandi idealità storicamente radicate nel popolo italiano –; nasce piuttosto da un atteggiamento nuovo di fronte alla realtà. Non si può quindi pensare che un movimento di questa natura abbia la propria esistenza legata alla breve stagione dello sconvolgimento sociale tipico del dopoguerra, e lo si possa liquidare con una frase: "Basta con il neorealismo: la situazione italiana si è normalizzata". Proprio sull'onda delle considerazioni alle quali ci ha indotto la guerra, abbiamo scoperto, al contrario, che la vita non si è normalizzata, e che la regola della nostra società non può essere la vita *normale*, ma quella che si vorrebbe far passare per l'*eccezione*: dalla miseria all'ingiustizia, nelle loro forme scoperte o da scoprire. Vediamo, allora, dove risiede la prospettiva del neorealismo. Nella scoperta dell'*attualità*. Fino a ieri la cinematografia si basava sul soggetto, frutto dell'immaginazione. Tutto nasceva come se l'attualità, il fatto non tagliato da romanzo, non esistesse. Per il cinema esistevano solo i fatti "grandi". La vita invece ci ha fatto scoprire la vita nei suoi valori continui. "È la guerra" abbiamo detto, e ci siamo trovati a contatto con una realtà paurosamente sconvolta, mentre prendeva rilievo una disposizione pacifista del nostro animo. Non potevano nascere i primi film neorealisti che cominciavano un discorso di vasta portata umana senza la coincidenza del fatto contingente (storico-sociale-politico) con interessi di eternità che

Two initial observations:
1. Today, Neorealism is our only flag. Beyond the critical reach of this word, we run the risk of no longer understanding each other. Neorealism is the basis of Italian cinema's only and vital movement; therefore, any serious and in-depth discussion must take place *within* Neorealism. There might be many ways to move within the scope of Neorealism, but its unity is provided by a common front of struggle and inspiration, of informed social interest.
2. Neorealism is not a strictly historical movement – in the sense that it draws on grand ideals that are historically rooted in the Italian populace. Rather, it was born from a new attitude toward reality. Therefore, we must not think that the existence of a movement like this is tied to the brief season of social upheaval typical of the Post War period, and that it can be dismissed with a sentence: "Enough of Neorealism: Italy's situation has been normalized." On the wave of the considerations the war induced in us, we discovered that, on the contrary, life has not been normalized, and that the rule of our society cannot be *normal* life but what they are trying to pass off as an *exception*: from misery to injustice, in forms that have been discovered or are still to be discovered. Therefore, let us see where the prospects of Neorealism lie. In the discovery of its *topicality*. Until yesterday, cinematography was based on stories, the fruit of the imagination. Everything came about as though topicality - the event that didn't come out of a novel – didn't exist. To cinema, only the "great" events existed. Instead, life made us discover life in its continuous values. "It's the war," we said, and we found ourselves faced with a reality that was frighteningly disrupted, while a pacifistic disposition took shape in our souls. Neorealist movies that sparked a debate of vast human breadth couldn't have been made if the contingent fact (historical-social-political) hadn't coincided with the interests in eternity that had matured inside us. Our

CESARE ZAVATTINI E VITTORIO DE SICA DURANTE I SOPRALLUOGHI PER IL FILM "IL TETTO"
CESARE ZAVATTINI AND VITTORIO DE SICA WHILE SCOUTING FOR THE FILM "THE ROOF"

Foto di / Photo by Arturo Zavattini, 1956
Archivio Cesare Zavattini, Biblioteca Panizzi, Reggio Emilia

erano maturati in noi. Il legame con la tradizione migliore del passato – quel tanto che di risorgimentale c'era nel nostro atteggiamento – rispondeva alla nostra preoccupazione umana, *antiretorica*, che si poneva decisamente e polemicamente contro l'ipocrisia e la sopraffazione del fascismo. Altra coincidenza: il neorealismo a contatto con la realtà ha scoperto, soprattutto, fame, miseria, sfruttamento da parte dei ricchi; perciò è stato *naturalmente* socialista (non credo proprio a quelli che sono neorealisti e reazionari: essi dimenticano, infatti, che il neorealismo coincide con i bisogni estremi della popolazione). Non posso dire certo quali saranno i suoi sviluppi futuri; perché non posso conoscere quali saranno gli sviluppi della nostra società; ma il neorealismo li racconterà senza posa, questi sviluppi, poiché, come il sudore alla pelle, il neorealismo sta attaccato al presente. Non dilaziona mai la conoscenza di un fatto del proprio tempo, credo che la sua morale e il suo stile stiano tutti qui. Intendiamoci, però: il neorealismo non può partire da contenuti stabiliti, bensì da una posizione morale: la *conoscenza* del proprio tempo con i mezzi specifici del cinema.

Cesare Zavattini, *Opere. Cinema. Diario cinematografico. Neorealismo ecc.*, Bompiani, Milano 2002.

ties with the best tradition of the past – that touch of Risorgimento that was in our attitude – responded to our human, *anti-rhetorical* concern, which was in firm and polemical contrast to fascism's hypocrisy and abuse of power. Another coincidence: Neorealism, in contact with reality, discovered, above all, hunger, misery, exploitation by the rich; thus, it was *naturally* socialist, (I truly do not believe in people who are both neorealists and reactionaries: they forget, in fact, that Neorealism coincides with the extreme needs of the population.) Of course, I cannot foretell its future developments because I cannot foretell the developments of our society. But Neorealism will ceaselessly recount these developments because, like sweat on the skin, Neorealism will remain attached to the present. It never defers the knowledge of a fact of its own time, and I believe that this completely defines its moral and its style. Let me make this clear: Neorealism cannot start from established subjects, but rather from a moral position, the *knowledge* of its own time through the specific means of cinema.

Zavattini, Cesare, *Opere. Cinema. Diario cinematografico. Neorealismo ecc.*, Milan: Bompiani, 2002.

VITTORIO DE SICA

COME INSEGNO A RECITARE AI BAMBINI
HOW I TEACH CHILDREN TO ACT

Devo fare una premessa. In fatto di recitazione, nel cinema i peggiori sono gli attori di teatro, i migliori sono gli uomini della strada, gli ottimi sono i bambini.

Mi perdoneranno i colleghi se affermo che noi attori di teatro siamo i peggiori attori di cinema. Il regista De Sica ha diretto due film con De Sica attore e dopo aver interpretato *Maddalena... zero in condotta* e *Teresa Venerdì* non ne ha voluto più sapere e lo ha protestato.

L'inferiorità dell'attore di teatro risalta maggiormente se nel film viene messo a contatto con attori improvvisati presi dalle officine, dalla strada, dai campi, dalle scuole.

Il volto dell'attore teatrale non potrà mai annullarsi per diventare il volto di quel tale personaggio che deve rappresentare. L'attore De Sica, per quanti sforzi io abbia fatto a guidarlo, non s'è mai completamente messo nei panni dell'impiegatino di *Maddalena... zero in condotta* e del dottore in *Teresa Venerdì*. Era l'attore De Sica, in tutti e due i casi: molto volenteroso, simpatico, affezionatissimo al regista, ma purtroppo sempre De Sica.

L'attore di teatro è abituato a recitare sempre in "campo lungo". Per lui, in palcoscenico, non esistono "primi piani", "mezzi primi piani" e "piani americani". Egli ha sempre parlato, durante la sua lunga carriera teatrale, a un obiettivo lontano una trentina di metri e forse più. La sua voce ha assunto un tono un po' alto, un magnifico suono talvolta, una dizione perfetta, ma così lontana dalla voce che occorre per il cinematografo.

La voce di un operaio non ha flautati, né crome, né biscrome, tuttavia è una voce aderentissima al fisico, al volto, agli occhi di quell'operaio.

L'attore di teatro ha raggiunto effetti di commozione sullo spettatore del loggione con la sola voce. Gli occhi e il volto non hanno avuto bisogno, data la distanza, di maggior cura da parte sua. Per questa ragione, quanta fatica per il regista d'un film togli er loro tanti

I must make a premise. As far as acting in films is concerned, theatrical actors are the worst, people off the street are the best, and children are the top.

My colleagues will forgive me if I affirm that we theatrical actors make the worst film actors. De Sica the director made two movies with De Sica the actor and after he starred in *Maddalena, Zero for Conduct* and *Doctor, Beware* he threw in the towel and lodged a complaint against him.

The inferiority of theatrical actors becomes even more clear when, in a movie, they are put alongside improvised actors plucked from the workshops, from off the street, from the fields, from school.

The face of the theatrical actor will never be able to annul itself to become the face of the character he has to portray. Despite the great effort I made to guide him, De Sica the actor never completely got into character as the employee in *Maddalena, Zero for Conduct* and the doctor in *Doctor, Beware*. He was De Sica the actor, in both cases: very willing, friendly and truly fond of the director, but unfortunately, always De Sica.

The theatrical actor is accustomed to constantly performing in "long shots." When he's onstage, there are no "close ups," "medium close ups" and "medium full shots" of him. During his long theatrical career, he has always spoken to a lens that is about thirty meters away, or more. His voice has assumed a rather loud tone, a magnificent sound at times, and perfect diction, but it is a far cry from the voice that the cinematographer needs.

A factory worker's voice doesn't have fluty tones, semiquavers or demisemiquavers, and yet it's a voice that perfectly fits the physique, the face and the eyes of that factory worker.

Using just his voice, the theatrical actor can create effects that are able to move the spectator in the gallery. Given the distance, he doesn't need to pay any particular attention to either his eyes or his face.

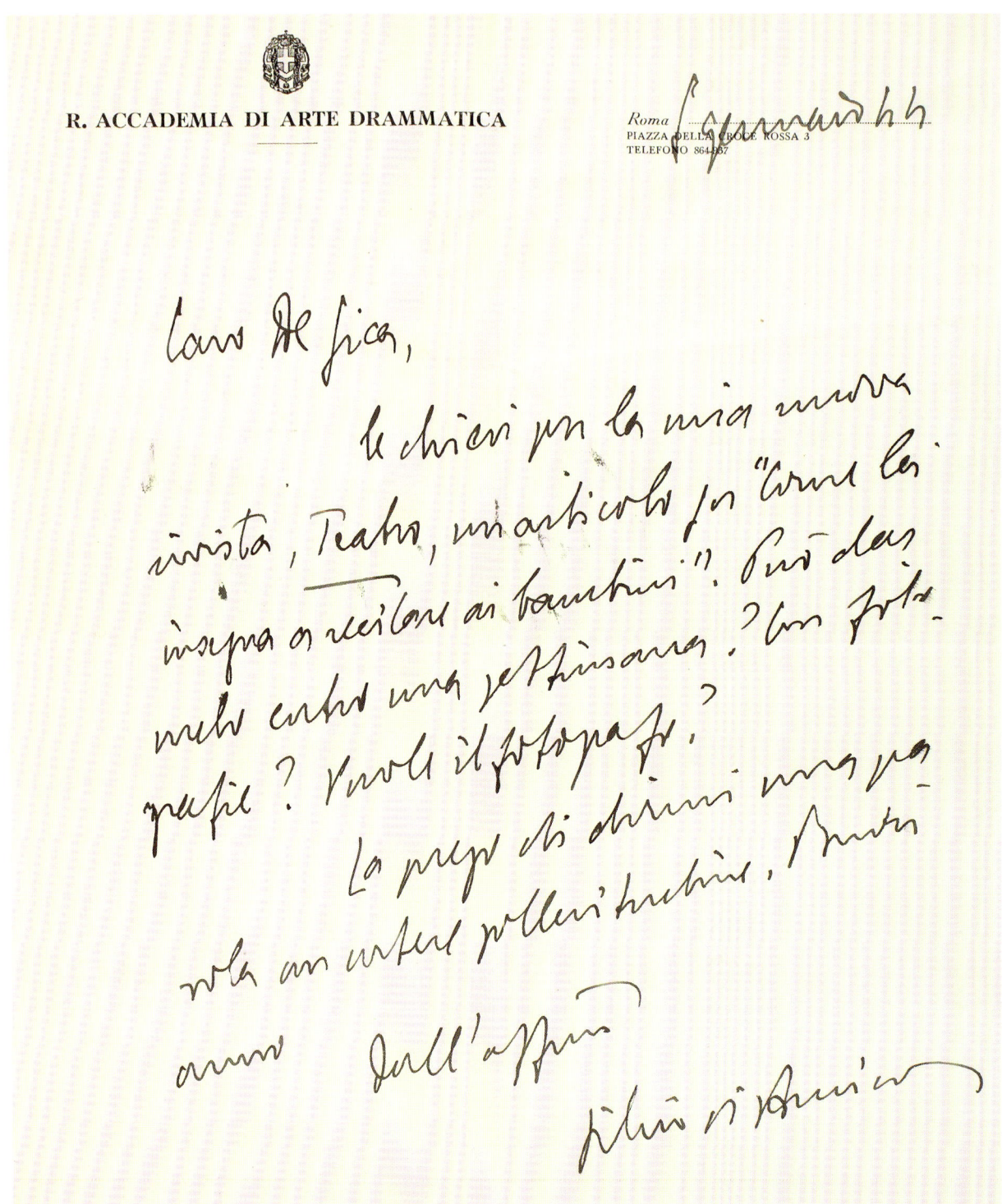

LETTERA DI SILVIO D'AMICO A VITTORIO DE SICA
LETTER FROM SILVIO D'AMICO TO VITTORIO DE SICA

Silvio d'Amico chiede al regista come fare recitare i bambini, gennaio 1944
Silvio d'Amico asking the director how to make the children act, January 1944
Archivio Giuditta Rissone - Emi De Sica

difetti che sono diventati una maniera di esprimersi, di rappresentare, di vivere. Bisognerebbe parlare a lungo dell'attore di presa nel cinema, se lo spazio me lo consentisse e se l'argomento del quale sono stato invitato a scrivere non me lo vietasse.

Devo parlare dei bambini nel cinema e come insegno loro a recitare. Non ho mai faticato molto. Sono bravissimi. Per i bambini non esiste artificio, trucco, non sanno nulla di cinema, né di luci, né di primi piani, sanno soltanto esser bambini. Sin dai primi giorni divengo un loro confidente. Si affezionano a me e io a loro. Diventiamo amici per la pelle e continuiamo a esserlo anche dopo che il film è fatto. Con loro il lavoro diventa quasi un giuoco. Io non sono per i bambini il regista, il "bau bau", bensì l'amico molto più vecchio d'anni, ma vicino alla loro anima. Ricordo d'aver trascorso, prima che si iniziasse la lavorazione del film *I bambini ci guardano*, giornate intere con Luciano, un bambino di appena cinque anni che incontrai a Torino e che portai in seguito con me a Roma. Ho giuocato con lui nei

**I BAMBINI CI GUARDANO
THE CHILDREN ARE WATCHING US**
Vittorio De Sica,
Italia / Italy, 1943
Vittorio De Sica sul set
Vittorio De Sica on set
Archivio Giuditta Rissone - Emi De Sica

This is why, no matter how hard the movie director tries, he cannot cure these defects, which have become a method of expression, of acting, of living. I would discourse at length about the theatrical actor in film, if I had enough space and if the argument I was asked to write about didn't prevent me from doing so.

I am supposed to write about children in movies and how I teach them to act. It has never taken much effort on my part. They are great. To children, artifice and tricks don't exist; they don't know anything about cinema, lights or close ups; they only know how to be children. Right from the start, I become their confidant. They become fond of me, and I of them. We become best friends and this continues even after the movie is completed. The work almost becomes a game with them. To children, I'm not the director, a "bogeyman;" instead, I'm a friend, much older in years but close to their soul. Before we began working on the film *The Children Are Watching Us*, I remember spending entire days with Luciano, the five-year-old boy I met in Turin and later brought to

giardini dello stabilimento. Abbiamo perfino fabbricato un ponte con relativo fiume. Quando Luciano entrò in teatro per girare la prima scena non temeva nessuno, a cominciare da me. Lo scopo era raggiunto. Nessuna timidezza, nessun terrore. Luciano era sereno, tranquillo. Ripeteva le battute ch'io provavo prima di lui, con la stessa intonazione, talvolta quasi con la stessa inflessione di voce. Dovevo stare molto bene attento a non sbagliare intonazione perché lui era pronto a ripeterla con esattezza. Capii che con il bambino bisognava cambiar sistema. Sistema che ho poi adottato con tutti gli altri bambini che hanno preso parte ai miei film.

Non spiegavo in modo particolareggiato come dire una certa battuta, ma parlavo della scena che avrebbero dovuto girare nelle sue linee generali. Per esempio, la migliore scena che Luciano abbia eseguito nel film *I bambini ci guardano* è quella nella quale il padre interroga il bimbo se ad Alassio la mamma ha veduto il signor Roberto (l'amante). La scena, di per sé difficilissima perché piena di pensieri e di pudori, fu da me suggerita nel seguente modo: papà ti vuole bene e vedi come soffre perché la mamma non è più tornata. Ha preferito un altro bambino e un altro babbo. Tu non puoi dire al tuo papà che soffre,

**I BAMBINI CI GUARDANO
THE CHILDREN ARE WATCHING US**
Vittorio De Sica,
Italia / Italy, 1943
Vittorio De Sica sul set
Vittorio De Sica on set
Archivio Giuditta Rissone - Emi De Sica

Rome with me. I played with him in the studio gardens. We even built a bridge that had its own river. When Luciano entered the studio to shoot his first scene, he wasn't afraid of anyone, starting with me. We had achieved our goal. No shyness, no terror. Luciano was serene, calm. He would repeat the lines I said first, using the same tone of voice, sometimes even with the same inflection. I had to be careful to get the inflection right because he could repeat it precisely. I realized that a new system was needed for the child. And I later adopted this system with all the other children who have participated in my movies.

I wouldn't explain in detail how to say a certain line; I would talk in broad terms about the scene that we were going to shoot. For example, Luciano's best scene in the movie *The Children Are Watching Us* is the one in which the boy's father asks him if his mother had seen Signor Roberto (her lover) in Alassio. This is how I suggested the scene, which was in itself very difficult because it was full of meaning and discretion: your father loves you and you can see that he is suffering because Mommy didn't come home. She preferred another boy and another Daddy. You can't tell your father, who is suffering, the truth, that you

la verità, perché se tu gliela dicessi lui ne soffrirebbe di più. Quindi, quando lui ti domanderà se la mamma è stata sempre vicina a te, tu dovrai dirgli: sì. Tu lo sai bene che la mamma non è stata molto vicina a te. T'ha lasciato tante ore solo, ad Alassio, ricordi? Ricordi che tutti gli altri bambini della Pensione Miramare uscivano con i genitori e tu non sapevi con chi giuocare? Andavi dalla cuoca in cucina e quella ti mandava, con buone maniere, dal giardiniere. Quindi tu lo sai bene quanto tempo mamma t'ha lasciato solo. Ma a papà che ti domanda se mamma è stata sempre vicina a te tu devi rispondere: sì. Il "sì" di Luciano fu perfetto. La pausa che precedette quel "sì" fu così giusta, così piena di significato, che io stesso non avrei potuto suggerirgliela con maggiore esattezza.

Peppino Forcina, il ragazzo di dieci anni che ha preso parte al mio film *La porta del cielo*, ha avuto difficoltà a parlare una lingua a lui completamente sconosciuta: l'italiano. Peppino l'ho trovato in una caserma dove erano alloggiati gli sfollati di alcuni paesi dell'Italia meridionale.

Il volto di Peppino è molto triste perché a Formia, dove erano la sua casa e il suo campo, non c'è più nulla, anche il suo papà e i quattro fratelli non ci sono più. Egli ha dato al mio film la sua anima, il suo volto, la sua esperienza di dolore. Nella scena in chiesa, la migliore che Peppino abbia eseguito, quando l'ostensorio oltrepassa il gruppo dei bimbi paralitici e lui rimane con il volto deluso perché il miracolo, tanto atteso, non è avvenuto, gli occhi di Peppino ebbero un'espressione di tanta forza e intensità perché nel momento in cui l'obiettivo lo fotografava io gli sussurrai il nome del suo povero babbo. Per far recitare bene i bambini, insomma, bisogna voler loro sinceramente bene, affezionarseli, farseli amici, e poi affidare alla loro anima, al loro istinto, alla loro forza, che è la sincerità, il compito di essere vivi, veri.

Scritto di Vittorio De Sica del 1944 in risposta alla richiesta di Silvio d'Amico conservato nell'Archivio Giuditta Rissone - Emi De Sica.

---

are suffering, because if you did he would suffer even more. So, when he asks you if Mommy was always with you, you will have to tell him: yes. You know quite well that Mommy wasn't with you very much. That she left you alone for hours on end, by yourself, in Alassio, remember? Remember how all the other children at the Pensione Miramare would go out with their parents and you didn't have anyone to play with? You'd go to the cook in the kitchen and she would politely send you out to the gardener. So you know very well how much Mommy left you alone. But when your Daddy asks you if Mommy was always with you, you have to reply: yes. Luciano's "yes" was perfect. The pause that preceded that "yes" was so right, so full of meaning, that I myself couldn't have suggested it to him any better.

Peppino Forcina, the 10-year-old boy who participated in my movie *The Gate of Heaven*, had trouble speaking in a language that was completely unknown to him: Italian. I had found Peppino in a barracks housing evacuees from a number of villages in Southern Italy.

Peppino's face was very sad because there was nothing left in Formia, where his home and his field were located; even his father and his four brothers were gone. He put his soul, his face and his experience of pain into my movie. In the scene in the church, Peppino's best scene, when the monstrance passes in front of the group of paralyzed children and he looks disappointed because the much-awaited miracle hadn't occurred, Peppino's eyes had such a strong and intense expression in them because the moment the lens was filming him, I whispered the name of his poor father. In short, to make children perform well, you have to sincerely love them, become fond of them, become their friend, and then trust in their soul, in their instinct and in their strength, which is sincerity, the task of being alive, real.

Written by De Sica in reply to a request by Silvio d'Amico, conserved at the Archivio Giuditta Rissone - Emi De Sica.

CATALOGO
CATALOGUE

1860 / GESUZZA THE GARIBALDIAN WIFE
Alessandro Blasetti, Italia / Italy, 1933
Una scena del film / A scene from the film
Collezione Museo Nazionale del Cinema

1860 / GESUZZA THE GARIBALDIAN WIFE
Alessandro Blasetti, Italia / Italy, 1933

Aida Bellia (Gesuzza) in una scena del film
Aida Bellia (Gesuzza) in a scene from the film
Archivio Fotografico della Cineteca Nazionale -
Centro Sperimentale di Cinematografia

TONI
Jean Renoir, Francia / France, 1934

Jean Renoir sul set / Jean Renoir on set
Foto di / Photo by Roger Corbeau
Collezione La Cinémathèque française

TONI
Jean Renoir, Francia / France, 1934
Sul set: Max Dalban, Celia Montalván e Jean Renoir
On set: Max Dalban, Celia Montalván and Jean Renoir
Foto di / Photo by Roger Corbeau
Collezione La Cinémathèque française

VECCHIA GUARDIA / OLD GUARD
Alessandro Blasetti, Italia / Italy, 1935

LE QUAI DES BRUMES / IL PORTO DELLE NEBBIE
Marcel Carné, Francia / France, 1938
Jean Gabin (Jean) e / and Michèle Morgan (Nelly)
Collezione Museo Nazionale del Cinema

FARI NELLA NEBBIA
Gianni Franciolini, Italia / Italy, 1942

Mario Siletti (Gianni), Fosco Giachetti (Cesare), Luisa Ferida (Piera),
e / and Antonio Centa (Carlo detto / a.k.a "Brillantina")
Foto di / Photo by Vaselli
Collezione Museo Nazionale del Cinema

CAMPO DE' FIORI / THE PEDDLER AND THE LADY
Mario Bonnard, Italia / Italy, 1943

Aldo Fabrizi (Peppino Corradini)
e / and Anna Magnani (Elide)
Foto di / Photo by Pesce
Collezione Museo Nazionale del Cinema

AVANTI C'È POSTO… / BEFORE THE POSTMAN
Mario Bonnard, Italia / Italy, 1942
Aldo Fabrizi (Cesare Montani)
Collezione Museo Nazionale del Cinema

DA / FROM
PER UN FILM SUL FIUME PO
Michelangelo Antonioni, "Cinema", n. 68, 25 aprile / April 1939

Nell'aprile 1939, Michelangelo Antonioni pubblica sulla rivista "Cinema" un articolo dal titolo *Per un film sul fiume Po*, in vista del cortometraggio che avrebbe terminato solo dopo la guerra. L'articolo è corredato da nove immagini scattate dallo stesso Antonioni

In April 1939 Michelangelo Antonioni published an article called *Per un film sul fiume Po* (For a Film on the Po river) in the magazine "Cinema", heralding the short film that he would actually finish only after the war. The article contains nine pictures taken by Antonioni himself

GENTE DEL PO / PEOPLE OF THE PO VALLEY
Michelangelo Antonioni, Italia / Italy, 1943-1947
Ferrara, Gallerie d'Arte Moderna e Contemporanea -
Fondo Michelangelo Antonioni

GENTE DEL PO / PEOPLE OF THE PO VALLEY
Michelangelo Antonioni, Italia / Italy, 1943-1947
Ferrara, Gallerie d'Arte Moderna e Contemporanea -
Fondo Michelangelo Antonioni

N.U. (NETTEZZA URBANA)
Michelangelo Antonioni, Italia / Italy, 1948
Ferrara, Gallerie d'Arte Moderna e Contemporanea -
Fondo Michelangelo Antonioni

UOMINI SUL FONDO / S.O.S. SUBMARINE
Francesco De Robertis, Italia / Italy, 1941
Scene del film / Scenes from the film
Archivio Fotografico della Cineteca Nazionale -
Centro Sperimentale di Cinematografia

LA NAVE BIANCA / THE WHITE SHIP
Roberto Rossellini, Italia / Italy, 1941
**Una scena del film / A scene from the film
Archivio Fotostorico Dario Reteuna, Torino**

L'UOMO DALLA CROCE / MAN WITH A CROSS
Roberto Rossellini, Italia / Italy, 1943

Una scena del film / A scene from the film
Foto di / Photo by Vaselli, 1942
Collezione Museo Nazionale del Cinema

L'UOMO DALLA CROCE / MAN WITH A CROSS
Roberto Rossellini, Italia / Italy, 1943

Una scena del film / A scene from the film
Foto di / Photo by Vaselli, 1942
Collezione Museo Nazionale del Cinema

ROMA CITTÀ APERTA / ROME, OPEN CITY
Roberto Rossellini, Italia / Italy, 1945

Roberto Rossellini e lo sceneggiatore Sergio Amidei sul set
Roberto Rossellini and the screenwriter Sergio Amidei on set
Collezione Museo Nazionale del Cinema

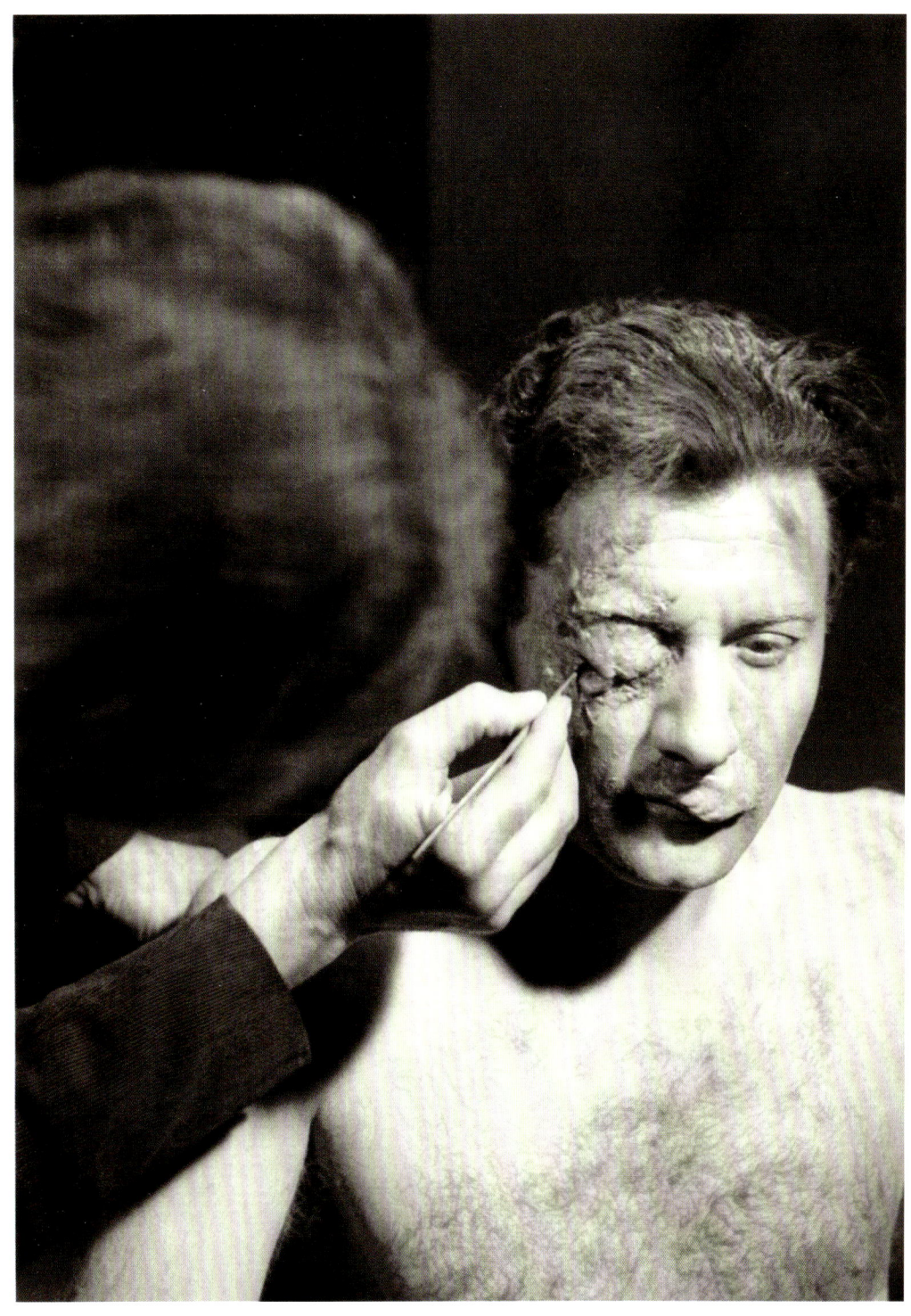

ROMA CITTÀ APERTA / ROME, OPEN CITY
Roberto Rossellini, Italia / Italy, 1945

Trucco di Marcello Pagliero per la scena della tortura nella sala di posa dello studio De Antonis
Marcello Pagliero's make-up for the torture scene in the studio set De Antonis'
Foto di / Photo by Pasquale De Antonis
Courtesy Archivio De Antonis

A DESTRA: Roberto Rossellini, regista di «Città aperta», mentre medita un problema di produzione.

CINEMA ITALIANO

MANCA TUTTO MA SI LAVORA LO STESSO

PRODURRE FILM in Italia è come costruire una casa cominciando dal tetto. Le difficoltà sono tante che perfino un pioniere della cinematografia avvezzo ai casi più imprevisti si troverebbe in serio impaccio. Eppure nei teatri di posa italiani si continua a girare film. Meraviglia come soltanto ora che non si hanno più i mezzi d'una volta la cinematografia italiana corrisponda a quello che è l'animo del paese.

Prima di tutto bisogna dire una cosa, non ci sono più studi degni di chiamarsi tali. Cinecittà ieri così lussuosa è diventata un campo di concentramento di profughi. Si aggiunga che molti attori, per varie ragioni, non possono per ora prestare la loro opera. Naturalmente non mancano nuove reclute cinematografiche, ma per affrontare la macchina da presa, per resistere alla luce dei riflettori, occorre un certo allenamento.

Come se non bastasse la maggior parte degli impianti sono stati portati al nord. Restano solo quelle macchine da presa e quei riflettori che alcuni cineasti di buona volontà seppero nascondere. E la luce? Ad ogni momento, la corrente manca. Il materiale fotografico e scenico, gli abiti, i cosmetici sono diventati un problema. Trovarli è difficilissimo.

Anche quando il film è finito i guai continuano. I trasporti sono difficili, la distribuzione incerta. Si aggiunga il coprifuoco che in molte città costringe la gente ad andare a letto presto. Per non parlare della ristrettezza del mercato in un'Italia ancora parzialmente occupata. E invece si continuano a girare film.

«Città aperta», attualmente in lavorazione, è il film tipico di questi tempi difficili. Ne è autore Sergio Amidei e il soggetto è cavato dalla vita romana durante i nove mesi: rastrellamenti, caccia all'uomo, resistenza clandestina. Molte scene, come quella della donna uccisa in via Tasso dalle S.S., sono state ricostruite sulla traccia di fatti datisi a Roma durante la lotta dei patrioti contro i tedeschi e i fascisti. Anche la morte del protagonista non è inventata.

Tra gli altri film che si stanno preparando in questo momento c'è «Fontamara», tratto dal notissimo romanzo di Silone. Comune carattere della nuova cinematografia italiana è la sua capacità d'essere, con vivezza ed umanità, molto vicina alla vita di tutti i giorni.

«CITTÀ APERTA» è il film delle difficoltà superate. Il teatro di posa è stato improvvisato in un vecchio padiglione che un tempo serviva per le corse dei cani. Mancando l'impianto per la colonna sonora, le voci vengono registrate a parte. Ecco le attrici Maria Michi (seduta) e Giovanna Galletti.

CINEMA ITALIANO, MANCA TUTTO MA SI LAVORA LO STESSO
"Nuovo Mondo", n. 1, 19 marzo / March 1945

Il rotocalco, pubblicato durante la Seconda guerra mondiale dall'Ufficio Informazioni degli Stati Uniti, dedica un articolo alla lavorazione di *Roma città aperta*
The illustrated magazine, published during WWII by the United States Office of War Information, dedicates an article to the production of *Rome, Open City*
Collezione Museo Nazionale del Cinema

CITTÀ APERTA

E' LA STORIA d'una caccia all'uomo: il silenzioso, mortale inseguimento d'un patriota per le vie di Roma. Un racconto cinematografico tratto da casi che ancora commuovono l'immaginazione: il romanzo della città frugata da S. S. in cerca d'antifascisti. Ci si è limitati a cambiare i nomi e l'ordine degli episodi. Tutto il resto è vero. Gli spettatori potranno giudicarlo interrogando la loro memoria.

Riproduciamo intanto alcuni fotogrammi del film. Con essi non possiamo dare un'idea completa del racconto nei suoi svolgimenti perchè « Città aperta » è ancora in lavorazione.

IL COMANDANTE della Gestapo di Roma (cioè il maggiore Dolmann della realtà) mentre cerca di scoprire l'identità del patriota Manfredi.

IL CAPO delle S.S. per trovare Manfredi si serve di una spia (Giovanna Galletti) incaricandola di far parlare una ragazza amica del patriota.

SCHIAVA degli stupefacenti, la ragazza (Maria Michi) dice di aver visto Manfredi, ed il suo tradimento è compensato col dono di una pelliccia.

MANFREDI ed un prete, don Pietro (Aldo Fabrizi), vengono rastrellati dalla polizia tedesca dopo un bombardamento d'una linea ferroviaria.

TORTURATO DALLE SS., don Pietro non rivela i piani dell'organizzazione clandestina. (Nella realtà, un prete, don Morosini, fu fucilato dalle SS.)

PAISÀ (EPISODIO I: SICILIA) / PAISAN (EPISODE I: SICILY)
Roberto Rossellini, Italia / Italy, 1946

Carmela Sazio (Carmela)
Collezione La Cinémathèque de Toulouse

PAISÀ (EPISODIO I: SICILIA) / PAISAN (EPISODE I: SICILY)
Roberto Rossellini, Italia / Italy, 1946

Soldati americani in una scena del film
American soldiers in a scene from the film
Archivio Fotografico della Cineteca Nazionale -
Centro Sperimentale di Cinematografia

PAISÀ (EPISODIO II: NAPOLI) / PAISAN (EPISODE II: NAPLES)
Roberto Rossellini, Italia / Italy, 1946
Sul set / On set
Collezione La Cinémathèque de Toulouse

PAISÀ (EPISODIO IV: FIRENZE) / PAISAN (EPISODE IV: FLORENCE)
Roberto Rossellini, Italia / Italy, 1946
Una scena del film / A scene from the film
Archivio Fotografico della Cineteca Nazionale -
Centro Sperimentale di Cinematografia

PAISÀ (EPISODIO VI: PORTO TOLLE) / PAISAN (EPISODE VI: PORTO TOLLE)
Roberto Rossellini, Italia / Italy, 1946
Sul set / On set
Archivio Fotografico della Cineteca Nazionale -
Centro Sperimentale di Cinematografia

GERMANIA ANNO ZERO / GERMANY YEAR ZERO
Roberto Rossellini, Italia / Italy, 1948

New York, Ambassador Theatre, 49th Street
Prima proiezione americana del film, 19 settembre 1949
American premiere of the film, September 19, 1949
Foto di / Photo by Standard Flashlight Co., Inc.
Collezione Museo Nazionale del Cinema

GERMANIA ANNO ZERO / GERMANY YEAR ZERO
Roberto Rossellini, Italia / Italy, 1948

Edmund Moeschke (Edmund)
Collezione La Cinémathèque de Toulouse

GERMANIA ANNO ZERO / GERMANY YEAR ZERO
Roberto Rossellini, Italia / Italy, 1948

Edmund Moeschke (Edmund) in una scena del film
Edmund Moeschke (Edmund) in a scene from the film
Collezione Museo Nazionale del Cinema

GERMANIA ANNO ZERO / GERMANY YEAR ZERO
Roberto Rossellini, Italia / Italy, 1948

Edmund Moeschke (Edmund)
Collezione Museo Nazionale del Cinema

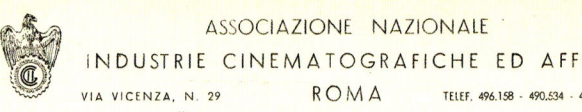

**ASSOCIAZIONE NAZIONALE
INDUSTRIE CINEMATOGRAFICHE ED AFFINI**

VIA VICENZA, N. 29   ROMA   TELEF. 496.158 - 490.534 - 490.400

Urgentissima

Prot. 4120					Roma, 5 settembre 1947

On. Presidenza del Consiglio dei Ministri
Ufficio Centrale per la Cinematografia

R o m a

      Come è noto dal 1° settembre ha avuto inizio la lavorazione a Berlino del film "Germania anno zero" per la regia di Roberto Rossellini.

      La maggiore difficoltà per detta lavorazione è rappresentata dalla mancanza di generi alimentari per le maestranze e i tecnici addetti alle riprese degli esterni a Berlino.

      Il produttore e regista Roberto Rossellini è in contatto con l'Organizzazione Vaticana Charitas Verband di Berlino che è stata già interessata per una distribuzione di viveri per i componenti della "troupe."

      Ci viene ora segnalato che sarebbe indispensabile un nuovo invito al Capo della predetta Organizzazione, Padre Bertke, perchè consenta una sollecita assegnazione di viveri.

      Si prega pertanto codesto Ufficio di voler ottenere un intervento di S.E. Andreotti attraverso i competenti Organi vaticani presso la Charitas Verband.

      Con osservanza.

                                     IL PRESIDENTE
                                    (On. Alfredo Proia)

GERMANIA ANNO ZERO / GERMANY YEAR ZERO
Roberto Rossellini, Italia / Italy, 1948

Roberto Rossellini sul set
Roberto Rossellini on set
Collezione La Cinémathèque de Toulouse

GERMANIA ANNO ZERO / GERMANY YEAR ZERO
Roberto Rossellini, Italia / Italy, 1948
Ingetraud Hinze (Eva), Franz-Otto Krüger (Karl-Heinz)
e / and Edmund Moeschke (Edmund)
Collezione La Cinémathèque de Toulouse

GERMANIA ANNO ZERO / GERMANY YEAR ZERO
Roberto Rossellini, Italia / Italy, 1948
Una scena del film
A scene from the film
Collezione La Cinémathèque de Toulouse

GERMANIA ANNO ZERO / GERMANY YEAR ZERO
Roberto Rossellini, Italia / Italy, 1948

Ingetraud Hinze, Franz-Otto Krüger, Carlo Lizzani (aiuto regista)
ed Edmund Moeschke durante la lavorazione del film
Ingetraud Hinze, Franz-Otto Krüger, Carlo Lizzani
(assistant director) and Edmund Moeschke during
the shooting of the film
Collezione Museo Nazionale del Cinema

STROMBOLI (TERRA DI DIO)
Roberto Rossellini, Italia / Italy, 1950

Sul set / On set
Foto di / Photo by Federico Patellani, 1949
© Federico Patellani - Regione Lombardia / Museo di Fotografia Contemporanea

STROMBOLI (TERRA DI DIO)
Roberto Rossellini, Italia / Italy, 1950
Ingrid Bergman e Mario Vitale sul set
Ingrid Bergman and Mario Vitale on set
Collezione Museo Nazionale del Cinema

STROMBOLI (TERRA DI DIO)
Roberto Rossellini, Italia / Italy, 1950
Il direttore della fotografia Otello Martelli e Ingrid Bergman sul set
The cinematographer Otello Martelli and Ingrid Bergman on set
Collezione Museo Nazionale del Cinema

STROMBOLI (TERRA DI DIO)
Roberto Rossellini, Italia / Italy, 1950

Sul set: Roberto Rossellini (seduto), Ingrid Bergman e il direttore della fotografia Otello Martelli (alla macchina da presa)
On set: Roberto Rossellini (sitting), Ingrid Bergman and the cinematographer Otello Martelli (at the cinecamera)
Collezione Museo Nazionale del Cinema

**ROBERTO ROSSELLINI E GLI SCENEGGIATORI SERGIO AMIDEI (NASCOSTO DIETRO AL MEGAFONO)
E GIAN PAOLO CALLEGARI DURANTE I SOPRALLUOGHI A STROMBOLI
ROBERTO ROSSELLINI AND SCREENWRITERS SERGIO AMIDEI (HIDDEN BEHIND THE MEGAPHONE)
AND GIAN PAOLO CALLEGARI DURING THE LOCATION SCOUTING IN STROMBOLI**

Foto di / Photo by Federico Patellani, 1949
© Federico Patellani - Regione Lombardia / Museo di Fotografia Contemporanea

PAISÀ / PAISAN
Roberto Rossellini, Italia / Italy, 1946

Manifesto di Roberto Mancinelli, senza data
Poster by Roberto Mancinelli, undated
Collezione Museo Nazionale del Cinema

OSSESSIONE / OBSESSION
Luchino Visconti, Italia / Italy, 1943

Manifesto, senza data
Poster, undated
Collezione Museo Nazionale del Cinema

GERMANIA ANNO ZERO / GERMANY YEAR ZERO
Roberto Rossellini, Italia / Italy, 1948

Manifesto di Rinaldo Gèleng, 1948
Poster by Rinaldo Gèleng, 1948
Collezione Museo Nazionale del Cinema

LA TERRA TREMA
Luchino Visconti, Italia / Italy, 1948

Manifesto di Averardo Ciriello, 1949
Poster by Averardo Ciriello, 1949
Collezione Museo Nazionale del Cinema

OSSESSIONE / OBSESSION
Luchino Visconti, Italia / Italy, 1943

Provini di Clara Calamai per il film
Clara Calamai's screen tests for the film
Foto di / Photo by Elio Luxardo, 1942
Archivio Fotostorico Dario Reteuna, Torino

OSSESSIONE / OBSESSION
Luchino Visconti, Italia / Italy, 1943

Clara Calamai (Giovanna) e / and Massimo Girotti (Gino)
Foto di / Photo by Taddei, 1942
Collezione Museo Nazionale del Cinema

OSSESSIONE / OBSESSION
Luchino Visconti, Italia / Italy, 1943

Sul set: Giuseppe De Santis (aiuto regista), Luchino Visconti,
Juan de Landa e Massimo Girotti
On set: Giuseppe De Santis (assistant director), Luchino Visconti,
Juan de Landa and Massimo Girotti
Foto di / Photo by Osvaldo Civirani (attr.), 1942
Archivio Fotografico della Cineteca Nazionale -
Centro Sperimentale di Cinematografia

OSSESSIONE / OBSESSION
Luchino Visconti, Italia / Italy, 1943

Massimo Girotti (Gino), Michele Ricciardini (don Remigio)
e / and Clara Calamai (Giovanna)
Foto di / Photo by Osvaldo Civirani, 1942
Collezione Museo Nazionale del Cinema

OSSESSIONE / OBSESSION
Luchino Visconti, Italia / Italy, 1943

Elio Marcuzzo, Massimo Girotti e Luchino Visconti sul set
Elio Marcuzzo, Massimo Girotti and Luchino Visconti on set
Foto di / Photo by Osvaldo Civirani (attr.), 1942
Collezione Museo Nazionale del Cinema

OSSESSIONE / OBSESSION
Luchino Visconti, Italia / Italy, 1943

Clara Calamai (Giovanna) e / and Massimo Girotti (Gino)
Foto di / Photo by © Osvaldo Civirani, 1942
Archivio Fotografico della Cineteca Nazionale -
Centro Sperimentale di Cinematografia

OSSESSIONE / OBSESSION
Luchino Visconti, Italia / Italy, 1943

Sul set: il ciak riporta *Palude,* il titolo di lavorazione del film
On set: the clapperboard reads *Palude,* the working title of the film
Foto di / Photo by Osvaldo Civirani, 1942
Fondazione Istituto Gramsci, archivio Luchino Visconti, Cinema

OSSESSIONE / OBSESSION
Luchino Visconti, Italia / Italy, 1943

Luchino Visconti sul set
Luchino Visconti on set
Foto di / Photo by Osvaldo Civirani, 1942
Fondazione Istituto Gramsci, archivio Luchino Visconti, Cinema

OSSESSIONE / OBSESSION
Luchino Visconti, Italia / Italy, 1943

Luchino Visconti, Massimo Girotti e Clara Calamai sul set
Luchino Visconti, Massimo Girotti and Clara Calamai on set
Foto di / Photo by Osvaldo Civirani, 1942
Fondazione Istituto Gramsci, archivio Luchino Visconti, Cinema

OSSESSIONE / OBSESSION
Luchino Visconti, Italia / Italy, 1943

Massimo Girotti sul set
Massimo Girotti on set
Foto di / Photo by Osvaldo Civirani, 1942
Fondazione Istituto Gramsci, archivio Luchino Visconti, Cinema

LA TERRA TREMA
Luchino Visconti, Italia / Italy, 1948
Sul set / On set
Foto di / Photo by Paul Ronald, 1948 circa
© Paul Ronald. Archivio Storico del Cinema / AFE

LA TERRA TREMA
Luchino Visconti, Italia / Italy, 1948
Una scena del film
A scene from the film
Foto di / Photo by Paul Ronald, 1948 circa
© Paul Ronald. Archivio Storico del Cinema / AFE

LA TERRA TREMA
Luchino Visconti, Italia / Italy, 1948

Una scena del film
A scene from the film
Foto di / Photo by Paul Ronald, 1948 circa
© Paul Ronald. Archivio Storico del Cinema / AFE

LA TERRA TREMA
Luchino Visconti, Italia / Italy, 1948

G.R. Aldo (direttore della fotografia) e Luchino Visconti sul set
G.R. Aldo (cinematographer) and Luchino Visconti on set
Foto di / Photo by Paul Ronald, 1948 circa
© Paul Ronald. Archivio Storico del Cinema / AFE

LA TERRA TREMA
Luchino Visconti, Italia / Italy, 1948

Sul set / On set
Foto di / Photo by Paul Ronald, 1948 circa
© Paul Ronald. Archivio Storico del Cinema / AFE

LA TERRA TREMA
Luchino Visconti, Italia / Italy, 1948

Una scena del film
A scene from the film
Foto di / Photo by Paul Ronald, 1948 circa
© Paul Ronald. Archivio Storico del Cinema / AFE

LA TERRA TREMA
Luchino Visconti, Italia / Italy, 1948

Sul set: Francesco Rosi e Franco Zeffirelli (aiuti regista), G.R. Aldo (direttore della fotografia), Aiace Parolin (assistente operatore), Gianni Di Venanzo (operatore), Luchino Visconti, Rosa Costanzo e Antonio Arcidiacono
On set: Francesco Rosi and Franco Zeffirelli (assistants director), G.R. Aldo (cinematographer), Aiace Parolin (assistant cameraman), Gianni Di Venanzo (cameraman), Luchino Visconti, Rosa Costanzo and Antonio Arcidiacono
Foto di / Photo by Paul Ronald, 1948 circa
© Paul Ronald. Archivio Storico del Cinema / AFE

LA TERRA TREMA
Luchino Visconti, Italia / Italy, 1948

Scene del film / Scenes from the film
Foto di / Photo by Paul Ronald, 1948 circa
© Paul Ronald. Archivio Storico del Cinema / AFE

A. MAR

1. Cielo e costellazioni dell'alba

2. Passaggi su gruppi differenti di barche di pescatori al largo della costa Catanese - barche con lampare e senza - Mentre si tirano su le reti ad una ad una si spengono le lampare e ci si prepara al rientro.

3. Ad un centinaio di metri da terra avanzano le barche dei grossisti verso quelle dei pescatori per la contrattazione del pesce.

4. Seguiamo il gruppo di barche che rientra verso Aci Trezza seguito dalle imbarcazioni dei grossisti - Contrattazioni a voce.

5. Aci Trezza - Paese che si sveglia (vedi finale Malavoglia) - La chiesa, le campane - la spiaggia - Le donne dei pescatori (quelle che lavorano particolarmente alla pesca) sulla spiaggia.

A MAR

INTERPRETI E MASSA	MATERIALE SCENICO	LOCALITA'
Pescatori 200 (vecchi - giovani-ragazzi)	Barche per la pesca (30)	Aci Trezza (paese Esterno)
Donne 60 (vecchie e giovani)	Attrezzi - Reti piccole e grandi (alcune da deteriorare)	La casa di 'Ntoni (A.T.)
Famiglia di 'Ntoni	Lampare	La casa della ragazza di 'Ntoni (A.T.)
Il nonno (vecchio) La madre (mezza età) 'Ntoni (25 anni) Luca (giovane venti anni) Alessi (ragazzo) Mena (giovane) Lia (bambina)	La casa di 'Ntoni (esterno e interno) Elementi inerenti alla casa Ambiente ragazza di 'Ntoni (esterno e interno)	Osteria (A.T.)
La ragazza di 'Ntoni	Ambiente osteria (esterno e interno)	
La ragazza dell'osteria		
La ragazza della chiusa (La Vespa)	Magazzino deposito pesce (ceste - cassette - gabbie stadere)	
Qualche vecchia del paese	Autotreni (o camioncini) (2)	
Il gruppo dei grossisti (5 o 6)	Ambiente mercatino ad Aci Trezza	
Il grossista capo		
I garzoni	Motopescherecci (2)	
Autotrenisti (3 o 4)	Reti motopescherecci (pezzi di sciabbica per dettagli)	
Venditori di pesce (2 o 3)	Scialuppe dei motopescherecci	
Equipaggi dei 2 motopescherecci (50 uomini)		

A TERRA TREMA
uchino Visconti, Italia / Italy, 1948

lenchi dei materiali, degli interpreti principali, delle comparse
dei luoghi necessari alla realizzazione di una scena del film, 1947
ist of materials, main actors, walk-ons and locations necessary
o produce a scene in the film, 1947
ondazione Istituto Gramsci, archivio Luchino Visconti, Cinema

LA TERRA TREMA
Luchino Visconti, Italia / Italy, 1948

Quadro sinottico realizzato da Luchino Visconti, 1947
Lo schema presenta l'organizzazione e lo sviluppo delle tre storie d'amore all'interno del film.
Il documento mostra anche come in questa fase della lavorazione fossero presenti due episodi successivamente non realizzati
Synoptic description made by Luchino Visconti, 1947
The outline presents the organization and the development of the three love stories in the film.
The document also shows how in this phase of production there were two episodes, subsequently not made
Tempera su carta / Tempera on paper

LA TERRA TREMA
Luchino Visconti, Italia / Italy, 1948
Scene del film / Scenes from the film
Foto di / Photo by Paul Ronald, 1948 circa
© Paul Ronald. Archivio Storico del Cinema / AFE

BELLISSIMA
Luchino Visconti, Italia / Italy, 1951
Sul set: il regista Alessandro Blasetti che nel film interpreta se stesso
On set: the director Alessandro Blasetti who interprets himself in the film
Archivio Fotostorico Dario Reteuna, Torino

BELLISSIMA
Luchino Visconti, Italia / Italy, 1951

Tina Apicella (Maria) e / and Anna Magnani (Maddalena)
Archivio Fotografico della Cineteca Nazionale -
Centro Sperimentale di Cinematografia

BELLISSIMA
Luchino Visconti, Italia / Italy, 1951

Gastone Renzelli (Spartaco), Tina Apicella (Maria)
e / and Anna Magnani (Maddalena)
Foto di / Photo by Paul Ronald, 1951
© Paul Ronald. Archivio Storico del Cinema / AFE

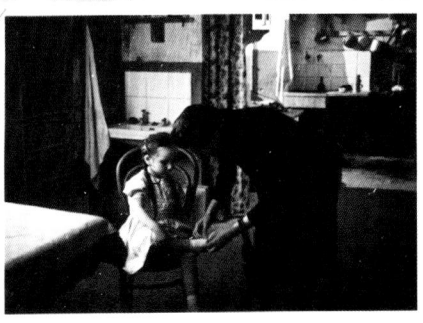

170

170

In cucina. La bambina si è seduta sulla sedia accanto al tavolo. Si è già messa il vestitino e cerca di allacciarsi le scarpe. Maddalena arriva già vestita, va accanto alla figlia e si china per allacciarle le scarpe.
Poi si ricorda del gas e corre a chiuderlo. Tornando indietro prende la rete con la colazione per Spartaco.
Maria scende dalla sedia e va verso la madre dicendo

MARIA:
Mamma, mi abbottoni il vestito?

Maddalena glielo abbottona e quindi si avvia rapidamente verso la porta d'ingresso tirandosi dietro la figlia.
Le loro ombre restano un istante nella stanza quindi la porta si richiude con un colpo secco.

BELLISSIMA
Luchino Visconti, Italia / Italy, 1951

Pagina tratta dal copione per l'edizione del film. Di ogni scena sono riportate l'inquadratura iniziale e quella finale, 1951
Page taken from the script for the film editing. For each scene the opening and closing shots are shown, 1951

BELLISSIMA
Luchino Visconti, Italia / Italy, 1951

Scene 32-33: Tina Apicella (Maria)
Schizzo di Franco Zeffirelli per il costume di Tina Apicella, 1951
Sketch by Franco Zeffirelli for Tina Apicella's costume, 1951
Matita su carta / Pencil on paper

BELLISSIMA
Luchino Visconti, Italia / Italy, 1951

Scene 32-33: Lilli Marchi Bambina - bambola
Schizzo di Franco Zeffirelli per il costume di una delle bambine della scuola di danza, 1951
Sketch by Franco Zeffirelli for the costume of one of the little girls in the dance school, 1951
Matita su carta / Pencil on paper
Fondazione Istituto Gramsci, archivio Luchino Visconti, Cinema

BELLISSIMA
Luchino Visconti, Italia / Italy, 1951

Scene 31-33: Bragaglia fotografo
Schizzo di Franco Zeffirelli per il costume del fotografo Bragaglia, 1951
Sketch by Franco Zeffirelli for the photographer Bragaglia's costume, 1951
Matita su carta / Pencil on paper
Fondazione Istituto Gramsci, archivio Luchino Visconti, Cinema

BELLISSIMA
Luchino Visconti, Italia / Italy, 1951

Scena 42a
Schizzi di Franco Zeffirelli per costumi e acconciature, 1951
Sketch by Franco Zeffirelli for costumes and hairstyles, 1951
Matita su carta / Pencil on paper
Fondazione Istituto Gramsci, archivio Luchino Visconti, Cinema

BELLISSIMA

Luchino Visconti, Italia / Italy, 1951

Il direttore della fotografia Piero Portalupi (a destra della gru) sul set
The cinematographer Piero Portalupi (to the right of the camera crane) on set
Foto di / Photo by Paul Ronald, 1951
© Paul Ronald. Archivio Storico del Cinema / AFE

BELLISSIMA
Luchino Visconti, Italia / Italy, 1951

Una scena del film
A scene from the film
Foto di / Photo by Paul Ronald, 1951
© Paul Ronald. Archivio Storico del Cinema / AFE

BELLISSIMA
Luchino Visconti, Italia / Italy, 1951

Sul set / On set
Foto di / Photo by Paul Ronald, 1951
© Paul Ronald. Archivio Storico del Cinema / AFE

BELLISSIMA
Luchino Visconti, Italia / Italy, 1951

Anna Magnani (Maddalena) e / and Tina Apicella (Maria)
Foto di / Photo by Paul Ronald, 1951
© Paul Ronald. Archivio Storico del Cinema / AFE

BELLISSIMA
Luchino Visconti, Italia / Italy, 1951

Tecla Scarano (l'insegnante di recitazione)
e Anna Magnani (Maddalena)
Tecla Scarano (the acting teacher) and Anna Magnani (Maddalena)
Foto di / Photo by Paul Ronald, 1951
© Paul Ronald. Archivio Storico del Cinema / AFE

BELLISSIMA
Luchino Visconti, Italia / Italy, 1951

Anna Magnani (Maddalena) in una scena del film
Anna Magnani (Maddalena) in a scene from the film
Foto di / Photo by Paul Ronald, 1951
© Paul Ronald. Archivio Storico del Cinema / AFE

BELLISSIMA

Luchino Visconti, Italia / Italy, 1951

Sul set: Franco Zeffirelli (aiuto regista), Luchino Visconti, Anna Magnani e Walter Chiari
On set: Franco Zeffirelli (assistant director), Luchino Visconti, Anna Magnani and Walter Chiari
Foto di / Photo by Paul Ronald, 1951
© Paul Ronald. Archivio Storico del Cinema / AFE

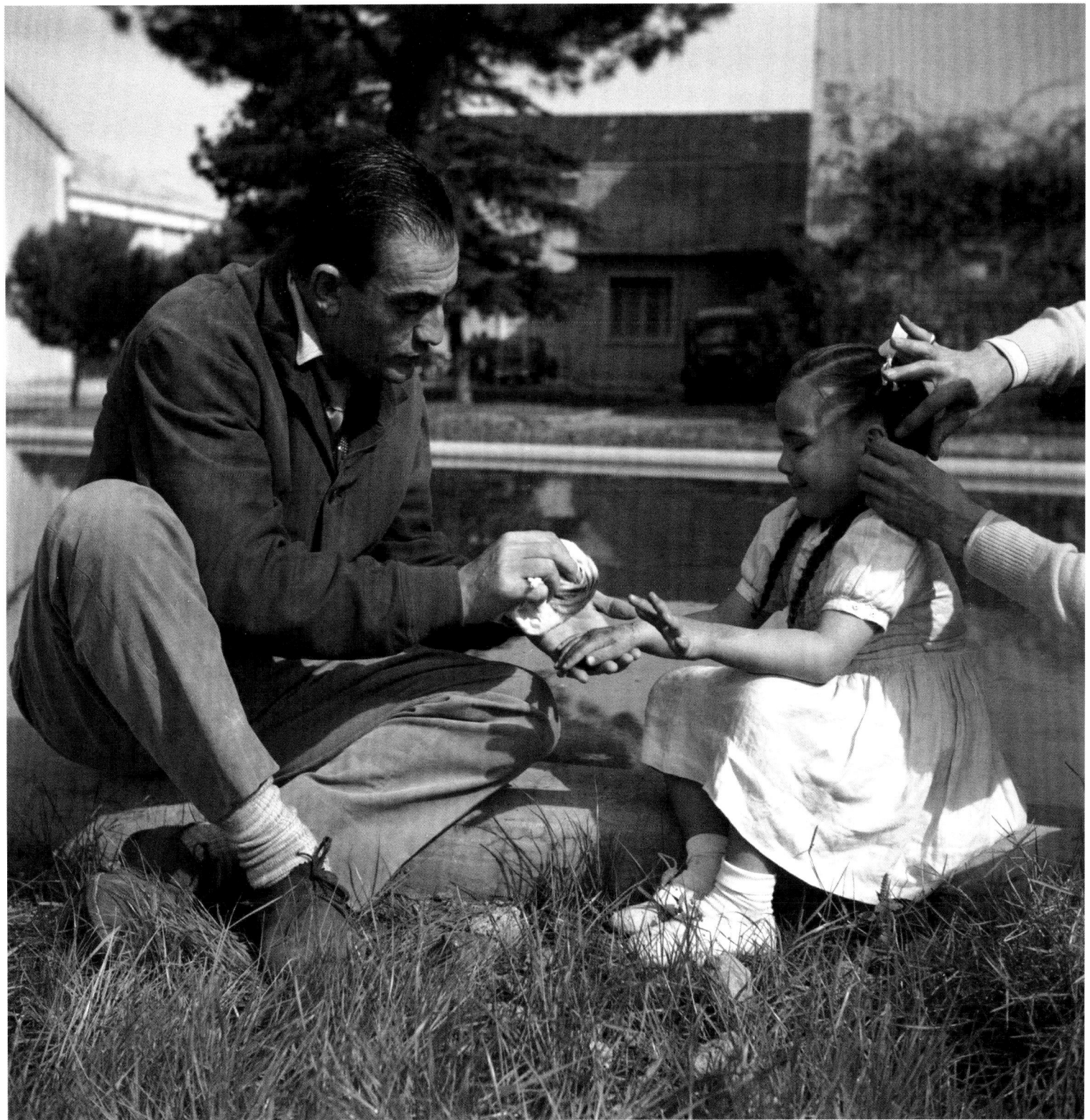

BELLISSIMA
Luchino Visconti, Italia / Italy, 1951

Luchino Visconti e Tina Apicella sul set
Luchino Visconti and Tina Apicella on set
Foto di / Photo by Paul Ronald, 1951
© Paul Ronald. Archivio Storico del Cinema / AFE

CATERINA D'AMICO, LUCHINO VISCONTI E / AND SUSO CECCHI D'AMICO
Foto di / Photo by Franco Zeffirelli, luglio / July 1951
Collezione Famiglia d'Amico

SUSO CECCHI D'AMICO E / AND FRANCO ZEFFIRELLI
Foto di / Photo by Gene Cook, 1950 circa
Collezione Famiglia d'Amico

I BAMBINI CI GUARDANO / THE CHILDREN ARE WATCHING US
Vittorio De Sica, Italia / Italy, 1943

Romolo Garroni (direttore della fotografia) e Vittorio De Sica sul set
Romolo Garroni (cinematographer) and Vittorio De Sica on set
Archivio Giuditta Rissone - Emi De Sica

I BAMBINI CI GUARDANO / THE CHILDREN ARE WATCHING US
Vittorio De Sica, Italia / Italy, 1943

Vittorio De Sica sul set
Vittorio De Sica on set
Archivio Giuditta Rissone - Emi De Sica

I BAMBINI CI GUARDANO / THE CHILDREN ARE WATCHING US
Vittorio De Sica, Italia / Italy, 1943

Vittorio De Sica spiega la scena del film a Luciano De Ambrosis (Pricò)
Vittorio De Sica explaining the scene of the film to Luciano De Ambrosis (Pricò)
Archivio Giuditta Rissone - Emi De Sica

I BAMBINI CI GUARDANO / THE CHILDREN ARE WATCHING US
Vittorio De Sica, Italia / Italy, 1943

Una scena del film: al centro, in primo piano, Luciano De Ambrosis (Pricò)
A scene from the film: in the centre, in the foreground, Luciano De Ambrosis (Pricò)
Collezione Museo Nazionale del Cinema

SCIUSCIÀ / SHOESHINE
Vittorio De Sica, Italia / Italy, 1946

Vittorio De Sica sul set. In primo piano, Franco Interlenghi
Vittorio De Sica on set. In the foreground, Franco Interlenghi
Archivio Giuditta Rissone - Emi De Sica

LADRI DI BICICLETTE / BICYCLE THIEVES
Vittorio De Sica, Italia / Italy, 1948

Vittorio De Sica ed Enzo Staiola sul set
Vittorio De Sica and Enzo Staiola on set
Archivio Giuditta Rissone - Emi De Sica

IL FILM DELLA STRADA
SCIUSCIÀ, GIO?
Regia di **VITTORIO DE SICA**

Giuseppe è un ragazzo di circa dodici anni. Ha un amico inseparabile più piccolo di lui, Luigi. Il loro quartiere generale è il galoppatoio di Villa Borghese. Via Lombardia, Via Veneto, Piazza San Bernardo, Stazione.

Li ho veduti qualche volta per sentire cosa dicevano e che progetti avessero. Ne poco ho potuto sentire, perché i ragazzi, ogni, parlano sottovoce.

Li ho accostati tempo fa ed ho chiesto: «Che, è un film?». «Sì, un film». «Vuoi metterci noi nel vostro film? Perché, siamo, siamo niente». «Perché?». «Siamo niente». «Perché, siamo, nicnte». «La ho risposto. Ho detto che si trattava di un film e che mi seducevra. Non pos-

tevo spiegare che si trattava di studiare la possibilità di fare un film su loro. Ho chiesto a Giuseppe: «Fai il ruffiano?». «No». «Vendi le sigarette?». «No». «E allora cosa fai?». «Niente».

Luigi, il più piccolo, prima che io lo interrompa, taglia corto. «Io lavo i piatti in una trattoria in Via Lombardia».

Poi fatti e due montano su un cavallo e galoppando noi lasciano la in asso. Sono sfuggiti al mio mondo interpretarlo. A differenza dei grandi, i piccoli si ergi-gnano.

Scorgo nei loro occhi una sorta di pudore che li irrita e li costringe a parlar d'altro e a fuggire come hanno fatto i miei amici che hanno fatto nega a scola. Questa fuga, gli costa anche cara, perché il cavallo si affitta a trecento lire l'ora.

Riccardo parla con sé non se stesso. «Aiuto la gente a vincere». Ma la maggior parte della mattinata le passa con due amici... che hanno fatto sega a scuola e non vogliono.

«Preferireremmo non far niente e galere di sale».

Roberto, che ha trovato intento a leggere un giornale, ha l'aria triste. Lo interrogo, mi risponde appena.

Pasquale non vende essere fotografato. «È de stampa?». «No». Lo rassicuro. La « stampa » è una cosa che questi terroristi... Hanno saputo che si parla di loro e non vogliono.

La spunta per il mio film sarebbe questa: I bambini, solamente essi, sentono che la vita dei bambini non è quella che dovrebbe essere.

«C'è tanto da sperare per loro!

Uscendo da Villa Borghese ho visto un adulto, con una borsa sotto il braccio, accanto un soldato alleato e senza stromporre al vederce che l'osservare e lo soveffava, gli ha detto: «Do you wish a fine girl?»...

VITTORIO DE SICA

IL CINEMA A CONTATTO CON LA VITA

Lustrascarpe. Nella grande città, è questa la qualifica ufficiale, dei piccoli vagabondi vittime della guerra. Dice De Sica: «C'è tanto da sperare per loro!». Sarà questo il suo film!

Riccardo parla con sé non se stesso. «Aiuto la gente a vincere».

A cinque anni si lavora come uomini. La cassetta e un cane per amici. Francesco è pronto ad affrontare, per la città, tutti gli imprevisti della giornata, partendo da via Veneto.

Giuseppe: ecco un viso fotogenico. Ardito, violento, e tuttavia fanciullesco. De Sica ha ragione di sperare malgrado tutto.

Luigi, il più piccolo, Lava i piatti. Ha un'aria pensosa e triste. A sera, tornando a casa, porta il guadagno alla mamma.

Si sono accorti che la « stampa » parla di loro. A differenza dei grandi, si vergognano, non vogliono che si parli di ciò che sono costretti a fare, che spesso non si ferma alla scarpa.

Sono furbetti, vendono... Si disperano. Ma sanno il sorridere. Se l'Italia democratica saprà aiutarli, potranno divetare degli uomini.

Primo piano di Roberto. Abbiamo gli uomini vuole che De Sica possa leggergli dentro. Il duro perdere l'innocenza!

Pasquale torna, la testa coperta di una berretta, pre il settembre. Evidentemente Pasquale fa il cinico, il « grande ».

C'è tutta la storia recente d'Italia, in questa foto. Stanchezza della « strada », sul selciato sporco, accanto a una jeep. Dove sono le immonde speculazioni sui ragazzi di Mussolini!

I ragazzi sanno stare vicini. Quanti giorni felici! Quanta malizia in questo racconto cinematografico sulla nostra infanzia.

Non hanno avidità di quattrini. Vorrebbero solo luce, gioco. Giuseppe non ci pensa nè due volte a spendere cento lire per affittare un cavallo e farsi una bella galoppata.

STELLA A SAN FRANCISCO

La serena bellezza di Ann Richards, nuova stella di Hollywood, è la sola che sia stata invitata ufficialmente alla Conferenza di San Francisco, dove ha incontrato Eden e Lord Halifax.

In questi giorni tutte le attrici di Hollywood sono verdi di invidia. Ci sarebbero tenuto tante! Nemmeno a Ginger Rogers, la repubblicana, la reazionaria Ginger, che pure è una grande amica del Dewey durante le ultime elezioni contro Roosevelt, partecipando al suo fianco ai più importanti discorsi del candidato meridionale, nemmeno a Ginger Rogers è riuscito di farsi invitare a San Francisco. E sensa tutta Hollywood ai piedi dell'australiana Ann Richards, l'unica chiamata ad assistere in forma ufficiale alla Conferenza. Ann, una debuttante di talento, abita tra la bagaglione del suo Paese. La pertorla le è stata offerta dalla villa che ha ospitato la ai Frisco, l'Ambasciatore di Sua Maestà Britannica a Washington, l'uomo veloce conoscere, e l'hanno tempestata di domande sulle ultime novità della Città del Cinema, e particolarmente sullo sciopero dei lavoratori dello spettacolo, su cui Halifax era minuziosamente informato.

Ann Richards, dopo aver avuto una particina in « Prigionieri del passato » (Brigida, una cugetta di Colman), ha interpretato a Washington, l'uomo veloce conoscere, e l'hanno tempestata di domande sulle ultime novità della Città del Cinema, e particolarmente sullo sciopero dei lavoratori dello spettacolo. La lunga vicenda abbracciò di anni della vita di una insegnante irlandese. Ann O'Rourke, che si sposa ad uno sberleffo e un tuffo forma una tipica, una famiglia « yankee ». In Ann Richards, Vidor trovò un'attrice consumata: capace di rappresentare tanto una ragazza di 18 che una donna di 60 anni. Anni di esperienza cinematografica, teatrale e radiofonica hanno reso Ann adatta alla difficile prova. Eppure è giusto considerarla una debuttante: poichè il cinema, il teatro e la radio d'Australia non sono sufficienti a dotare un'attrice di un passaporto in corso come per Hollywood, di dove si parla al mondo intero.

Una storia non complicata, quella di Ann Richards. Una studentessa come tante altre, nativa di Sydney. Ottenuta la laurea, si impiego come segretaria in un'azienda fotografica: le parentesi tra fotografia e cinema, si sa bene, e parentela stretta, e del colpo trovàrono la bella e intelligente ragazza in un film, come protagonista. Il film si chiamava « Non è fatto ». Il primo, tornato dietro alti setti; e poi teatro, radio, successi di tutte le parti.

In America si rivelò, come molti australiani, nel tornare di uno sbarco giapponese, poco dopo Pearl Harbour, quando un timore affato, che ogni il farebbe sorridere, corrosse una sua persona. La contratto Ciel Dudley, l'autore del suo primo film australiano. Il resto è intuitivo: provino, scritturazione all'onnisciente degli attori sotto contratto alla M.G.M. « Prigionieri del passato », « Romanzo americano ». Dopo la prima del secondo film, Ann Richards è diventata di colpo una grande stella.

Intuitivo anche quasi che segue di solito nelle biografie delle « stelle ». Un solco un bivio: cattiva o buona, semplice o complicata? A seconda delle categorie, si hanno biografie piene di scandali e storie angeliche. Sono, la storia che ci raccontano i giornalisti di Hollywood appartiene al genere angelico. Ci tanta « a sapere qualcosa? Ma sì, ama i fiori, i concerti e la Bibbia. Ha un fratello primogenito in un campo di concentramento in Borneo. La madre, vedova, è in Australia. Non fuma. Le piace la scherma.

GIORGIO VOLPI

Conoscendo le abilità schermistiche di Ann Richards gli americani avevano pensato per questo la stella invitata a S. Francisco.

IL FILM DELLA STRADA. SCIUSCIÀ, GIO?
Vittorio De Sica, "Film d'oggi", n. 3, 23 giugno / June 1945
Settore Scuola Nazionale di Cinema, Biblioteca "Luigi Chiarini"

VITTORIO DE SICA CON GLI SCIUSCIÀ
VITTORIO DE SICA WITH SHOESHINE BOYS

Roma / Rome, 1945
Archivio Giuditta Rissone - Emi De Sica

SCIUSCIÀ DI VIA VITTORIO VENETO
VIA VITTORIO VENETO SHOESHINE BOYS

Roma / Rome, 1945
Archivio Giuditta Rissone - Emi De Sica

SCIUSCIÀ / SHOESHINE
Vittorio De Sica, Italia / Italy, 1946

Provini degli attori per il film. In alto, a sinistra, Franco Interlenghi, scelto da De Sica per il ruolo di Pasquale, 1945
The actors' screen tests for the film. In the upper left, Franco Interlenghi, cast by De Sica in the role of Pasquale, 1945
Archivio Giuditta Rissone - Emi De Sica

SCIUSCIÀ / SHOESHINE
Vittorio De Sica, Italia / Italy, 1946

Franco Interlenghi (Pasquale) e / and Rinaldo Smordoni (Giuseppe)
Archivio Fotografico della Cineteca Nazionale - Centro Sperimentale di Cinematografia

MOVIES

TWO ROMAN SHOESHINE BOYS, PASQUALE (LEFT) AND GUISEPPE, BEGIN THEIR SHORT ROAD TO RUIN BY SELLING A BLACK-MARKET BLANKET TO A GREEDY PALMIST

IN PRISON GUISEPPE (SECOND) IS URGED TO BETRAY HIS FRIEND PASQUALE, WHO HAS BEEN TRICKED INTO REVEALING THE BLACK-MARKET OPERATORS TO OFFICERS

NEW ITALIAN FILM WILL SHOCK THE WORLD

Shoeshine is the cryptic title of an Italian film which will act on audiences like a punch in the stomach. Like the brutal *Open City* (LIFE, March 4, 1946), which depicted the anti-German underground in Rome, it paints a gloomy picture of dead morality and miserable avarice in a crumbling, war-weakened civilization. The main figures are two ragamuffin bootblacks of peacetime Rome. Caught in the hopeless web of poverty, their parents either dead or too weary to provide for them, they deal without conscious evil in the black market, are caught and sent to jail. A disintegrating society offers them neither hope nor understanding: corrupt judges and lawyers, wholly unequal to the grandeur of their heritage, provide neither justice nor mercy. There are no "heavy" villains, only—and this is far more shocking—venal men without faith in their God, their society or themselves. The picture ends with one boy dead by the hand of the other.

For a picture of such grim, unrelieved despair *Shoeshine* is a remarkable artistic success. Acted partly by amateurs (the two heroes were real bootblacks), it was made in three months under primitive conditions by Cleveland-born Paolo Tamburella. At first the Italian censors objected because it attacked public institutions and showed boys being beaten. Nevertheless last year 15 million Italians saw *Shoeshine*, and although the picture offers them not one hopeful note, millions of lire for the bootblacks have been sent to Tamburella. Like all foreign movies with English subtitles, *Shoeshine*, exciting as it is, will probably never be widely exhibited in the U.S.

THE BOYS are fingerprinted and booked as delinquents when the palmist complains to the local police.

IN THE BOYS' JAIL Guiseppe is parted from his lifelong pal and carried off struggling to a different cell room.

AT TRIAL a weary, senile lawyer pleads "not guilty" for Pasquale. Both boys are convicted and sentenced.

BOOTBLACKS vie for the trade of U.S. soldiers. In left background approach the two heroes of the story.

BLACK-MARKET LEADER (*left*) explains to the boys where to sell a stolen American blanket (*picture at top*).

A HORSE which the boys have dreamed of owning is bought with their share of the blanket's proceeds.

A FIRE allows Guiseppe and four others to escape. Left behind, Pasquale thinks he has been betrayed.

IN THE STREET Guiseppe and his cellmate flee, headed for a hideout in the country. Others are caught by cops.

IN FINAL SCENE Guiseppe falls to death from blows of "betrayed" Pasquale who leads police to the hideout.

SCIUSCIÀ / SHOESHINE
Vittorio De Sica, Italia / Italy, 1946

Leo Garavaglia (il commissario), Rinaldo Smordoni (Giuseppe) e Franco Interlenghi (Pasquale)
Leo Garavaglia (the police chief), Rinaldo Smordoni (Giuseppe) and Franco Interlenghi (Pasquale)
Collezione Museo Nazionale del Cinema

SCIUSCIÀ / SHOESHINE
Vittorio De Sica, Italia / Italy, 1946

Rinaldo Smordoni (Giuseppe) e / and Franco Interlenghi (Pasquale)
Archivio Fotostorico Dario Reteuna, Torino

LADRI DI BICICLETTE / BICYCLE THIEVES
Vittorio De Sica, Italia / Italy, 1948

Lamberto Maggiorani e Vittorio De Sica sul set
Lamberto Maggiorani and Vittorio De Sica on set
Archivio Giuditta Rissone - Emi De Sica

LADRI DI BICICLETTE / BICYCLE THIEVES
Vittorio De Sica, Italia / Italy, 1948

Vittorio De Sica, Lamberto Maggiorani ed Enzo Staiola sul set
Vittorio De Sica, Lamberto Maggiorani and Enzo Staiola on set
Archivio Fotostorico Dario Reteuna, Torino

Sul manubrio di una bicicletta il fardello di questo dopoguerra

AMSTERDAM (S.S.S.). — La prima visione in Olanda di «Ladri di biciclette» ha riportato un enorme successo in tre dei maggiori locali di Amsterdam: la critica ne è rimasta entusiasta. Il più diffuso ed autorevole quotidiano olandese, il «Volkskrant» pubblica una grande fotografia del film, accompagnata da questa dicitura: «Padre e figlio, protagonisti di «Ladri di biciclette». Il padre non è un divo perchè nella vita è un operaio. Il ragazzo fu trovato dal regista in un campo di profu[ghi].
Un ragazzo pieno di vivacità che ha magnificamente sostenuto la sua parte che, insieme a quella del padre, è stata diretta a meraviglia. L'affiatamento e l'affettuosità tra i due sono suggeriti in modo meraviglioso e costituiscono una delle cose più commoventi di questo nuovo film italiano». Mentre il film registra ottimi incassi al «Plaza», «Cinema Dambac» e «Rialto» — così il più popolare ed autorevole critico olandese B. Y. Bertin sul «Volkskrant»: «Il film più premiato di questi ultimi tempi viene proiettato in ben tre teatri: ciò è un meritato onore per questa triste «ballata del diseredato», nella quale gli attori sono stati veramente presi per la strada. In questo film, anche l'ultima speranza in un avvenire migliore, che nella maggior parte dei films del dopoguerra italiano cercava di salvare la dignità dell'individuo dalla miseria, dalla disoccupazione e dalla corruzione delle masse, si smorza per lasciare il posto ad una rassegnazione senza luce, prospettando la crudezza della realtà in una grande città italiana. Ma l'uomo che è sempre presente in questo film, il regista Vittorio De Sica, non ha mai potuto nascondere il suo grande cuore, così pieno d'amore per gli uomini. Per questo «Ladri di biciclette» sul piano della tenerezza, è assurto al livello della vera opera d'arte. E' un esempio magnifico di film moderno, nato dai bisogni e dalle aspirazioni della massa degli operai. Un giorno qualunque della vita di un operaio disoccupato, la ricerca affannosa di una bicicletta, attraverso la pittoresca e rumorosa vita di una città popolosa, in una domenica di pioggia e di sole: questi gli elementi con i quali è delineata e approfondita la psicologia di questo infelice che cerca una modesta cosa che per lui rappresenta la felicità e che gli è stata sottratta da un altro infelice, anche esso per miseria...».

E qui il critico si sofferma a considerare la profondità del dolore riportato nel film, i cui particolari hanno sorpreso e sbalordito gli spettatori olandesi: la promessa di lavoro che interromperà la dura disoccupazione; la bicicletta elemento necessario, ma che si trova al Monte di Pietà; la toccante felicità dell'operaio che al mattino si appresta a recarsi al lavoro avendo riavuto la bicicletta a prezzo del sacrificio delle lenzuola; il cattivo destino infine, che con un punto quasi insignificante spezza questa felicità.

LADRI DI BICICLETTE / BICYCLE THIEVES
Vittorio De Sica, Italia / Italy, 1948

Vittorio De Sica sul set
Vittorio De Sica on set
Archivio Giuditta Rissone - Emi De Sica

LADRI DI BICICLETTE / BICYCLE THIEVES
Vittorio De Sica, Italia / Italy, 1948

Lamberto Maggiorani (Antonio)
Archivio Fotografico della Cineteca Nazionale -
Centro Sperimentale di Cinematografia

LADRI DI BICICLETTE / BICYCLE THIEVES
Vittorio De Sica, Italia / Italy, 1948

Vittorio De Sica sul set
Vittorio De Sica on set
Archivio Giuditta Rissone - Emi De Sica

LADRI DI BICICLETTE / BICYCLE THIEVES
Vittorio De Sica, Italia / Italy, 1948

Vittorio De Sica insieme a Lamberto Maggiorani
e ad altri attori del film
Vittorio De Sica with Lamberto Maggiorani
and some other actors from the film
Archivio Giuditta Rissone - Emi De Sica

LADRI DI BICICLETTE / BICYCLE THIEVES
Vittorio De Sica, Italia / Italy, 1948

Vittorio De Sica, Gino Saltamerenda ed Enzo Staiola durante la lavorazione del film
Vittorio De Sica, Gino Saltamerenda and Enzo Staiola during the shooting of the film
Archivio Giuditta Rissone - Emi De Sica

22 nov. 1948

Caro De Sica,

il suo film è perfetto, forse il primo film italiano toccato dalla Poesia. Le faccio le mie più vive felicitazioni. Lei ha dato una severa lezione a tutti, soprattutto a coloro che s'interessano di cinema e che spero – di fronte a certi desolanti spettacoli – sono portati a disperare dell'intelligenza, del gusto, del senso morale degli italiani. Le ottusità dei produttori, l'indifferenza del pubblico, gli sporchi interessi che limitano le possibilità del nostro cinema hanno avuto da lei un fortissimo colpo. Quando si vorrà fare un esempio che tappi la bocca ai cretini si parlerà di <u>Ladri di biciclette</u> – e del suo coscienzioso sforzo di autore e di regista –

Grazie, caro De Sica, anche a nome di molti amici

Suo
Ennio Flaiano

ALBERGO DEL SENATO

Telegr. SENATHOTEL - ROMA

Roma, 22 nov. 1948.
Piazza del Pantheon, 73
Telefono 63-231

Caro De Sica,

non avendo più, come ai tempi di "Sciuscià", un giornale a disposizione per dire quello che penso, sento il bisogno di scriverti queste poche righe per riconfermarti la mia prima impressione di ieri, che a ventiquattro ore di distanza non ha fatto che consolidarsi: il tuo è il più bel film italiano che sia mai stato fatto e uno tra i tre o quattro più importanti film del mondo, da paragonarsi soltanto a opere come "Giglio infranto" di Griffith o "Il Monello" di Charlot. Sopratutto provo il bisogno di ringraziarti di averci regalato quest'opera, dalla quale tutti dobbiamo imparare, e che ci dà coraggio in un momento tanto difficile del nostro cinema. Mi auguro che il trionfo di ieri sia soltanto l'inizio di un lungo successo senza precedenti. Il tuo film è venuto come un miracolo a ridare credito e respiro al cinema italiano, e di questo dobbiamo esserti tutti grati.

Grazie caro De Sica, e affettuosi saluti dal tuo

Luigi Comencini.

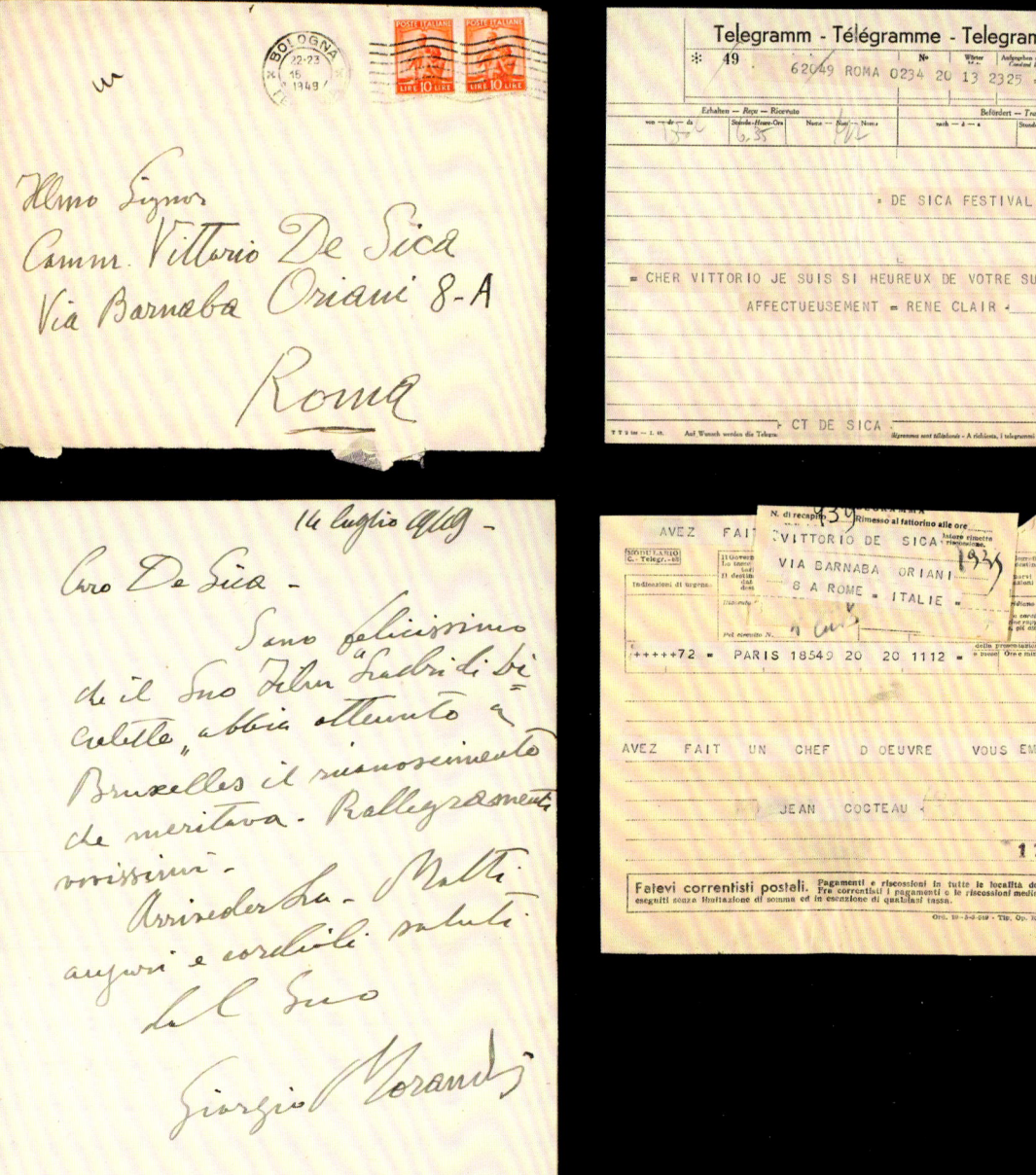

LETTERA DI CONGRATULAZIONI DI GIORGIO MORANDI
A VITTORIO DE SICA PER AVER RICEVUTO A BRUXELLES
IL PREMIO SAINT MICHEL PER IL FILM "LADRI DI BICICLETTE"
LETTER OF CONGRATULATIONS FROM GIORGIO MORANDI
TO VITTORIO DE SICA FOR THE SAINT MICHEL AWARD
RECEIVED IN BRUSSELS FOR HIS FILM "BICYCLE THIEVES"

14 luglio / July 1949
Archivio Giuditta Rissone - Emi De Sica

TELEGRAMMA DI CONGRATULAZIONI DI RENÉ CLAIR
A VITTORIO DE SICA PER AVER RICEVUTO A BRUXELLES
IL PREMIO SAINT MICHEL PER IL FILM "LADRI DI BICICLETTE"
TELEGRAM OF CONGRATULATIONS FROM RENÉ CLAIR
TO VITTORIO DE SICA FOR THE SAINT MICHEL AWARD
RECEIVED IN BRUSSELS FOR HIS FILM "BICYCLE THIEVES"

Senza data / Undated (1949)
Archivio Giuditta Rissone - Emi De Sica

TELEGRAMMA DI CONGRATULAZIONI DI JEAN COCTEAU
A VITTORIO DE SICA PER IL FILM "LADRI DI BICICLETTE"
TELEGRAM OF CONGRATULATIONS FROM JEAN COCTEAU
TO VITTORIO DE SICA FOR HIS FILM "BICYCLE THIEVES"

1949
Archivio Giuditta Rissone - Emi De Sica

HOTEL CONTINENTAL PARIS
3, RUE DE CASTIGLIONE
Telephone: OPERA 13-00 / 192-80
Telegr. CONTENTAL-PARIS

13 Mars. 1949

Caro Maestro,

ritorno in Italia con il cuore felice perchè l'ho conosciuta, ho avuto l'onore di stringerle la mano ed ottenuto un suo autografo.

Noi, italiani, abbiamo seguito tutta la Sua opera.

Il Suo "Giornale" è una delle letture preferite. Può immaginare, dunque, cosa rappresenti per noi, il Suo interessamento ed il Suo elogio.

Parliamo spesso di Lei, caro Maestro, con il mio amico Adolfo Franci, che ha tradotto "Porte étroite". Mi ricorda il periodo del Suo soggiorno a Firenze e delle Sue visite alla Libreria Vallecchi.

La stimiamo, Maestro André Gide, e l'amiamo.

Tutta la mia riconoscenza ed i miei deferenti saluti

Vittorio De Sica

Rome - Via B. Oriani 8A

LADRI DI BICICLETTE / BICYCLE THIEVES
Vittorio De Sica, Italia / Italy, 1948

Enzo Staiola (Bruno)
Collezione Museo Nazionale del Cinema

LADRI DI BICICLETTE / BICYCLE THIEVES
Vittorio De Sica, Italia / Italy, 1948

Enzo Staiola (Bruno) e / and Lamberto Maggiorani (Antonio)
Archivio Fotografico della Cineteca Nazionale -
Centro Sperimentale di Cinematografia

LADRI DI BICICLETTE / BICYCLE THIEVES
Vittorio De Sica, Italia / Italy, 1948

Lamberto Maggiorani (Antonio) e / and Lianella Carell (Maria)
Collezione Museo Nazionale del Cinema

LADRI DI BICICLETTE / BICYCLE THIEVES
Vittorio De Sica, Italia / Italy, 1948

Lamberto Maggiorani (Antonio) e / and Enzo Staiola (Bruno)
Archivio Fotostorico Dario Reteuna, Torino

no ressa gli ascoltatori. Qualcuno lo riconosce, gli domanda qualcosa. Dalla stanza si zittisce. Una voce più forte dice: "Hanno rubato la bicicletta a Ricci". Altri zittii.

Discussione a voce bassa. Conti di quanto Antonio dovrà spendere in tram e autobus per andare e tornare dal lavoro. E le scarpe? dice uno. "Senza contare, aggiunge un altro, che una bicicletta è un mezzo capitale." Io, dice un altro, nel 43 se non avevo la bicicletta morivo di fame. La vendetti per un quintale di farina". Altri consigliano Antonio di andare "ma subito, domattina" a Piazza Vittorio dove spesso finiscono le biciclette rubate o a Porta Portese. Ma l'interesse dei compagni per Antonio è di breve durata. Attratti dagli argomenti dell'Oratore, lo abbandonano alla sua pena.

Con la speranza di poter ritrovare la sua bicicletta, Antonio, il giorno dopo, che è domenica, di buon mattino, s'incammina, con Bruno, per Piazza Vittorio. Padre e figlio s'intendono come se fossero coetanei. Antonio tratta il figlio senza smancerie, virilmente, da uomo. Ed è proprio per questo che Bruno non ha di fronte al padre quella soggezione, quel senso di disparità che in genere i figli sentono di fronte ai genitori. Bruno è quasi contento. Ha dimenticato il dolore per il furto della bicicletta e si avvia verso quell'avventura col cuore appunto di un ragazzo che parte alla scoperta di un mondo a lui ignoto. Padre e figlio tratto tratto si guardano e si sorridono. E il sorriso di Bruno, oltre che affettuoso, è

LADRI DI BICICLETTE / BICYCLE THIEVES
Vittorio De Sica, Italia / Italy, 1948

Soggetto del film di Cesare Zavattini con nota manoscritta di De Sica:
"È logico che un padre si porti dietro il figlio in una ricerca di questo tipo che può riservare delle sorprese forse anche drammatiche?"
Scenario of the film by Cesare Zavattini with De Sica's handwritten note:
"Is it reasonable for a father to bring his son with him on a search of this type, which might hold a few, even dramatic, surprises?"
Archivio Giuditta Rissone - Emi De Sica

LADRI DI BICICLETTE / BICYCLE THIEVES
Vittorio De Sica, Italia / Italy, 1948

Enzo Staiola (Bruno) e Lamberto Maggiorani (Antonio)
si riparano dalla pioggia con un gruppo di preti.
Un giovane Sergio Leone interpreta il prete vicino a Enzo Staiola
Enzo Staiola (Bruno) and Lamberto Maggiorani (Antonio)
keeping out from the rain with a group of priests.
A young Sergio Leone played the priest next to Enzo Staiola
Collezione Museo Nazionale del Cinema

LADRI DI BICICLETTE / BICYCLE THIEVES
Vittorio De Sica, Italia / Italy, 1948

Lamberto Maggiorani (Antonio) e Vittorio Antonucci (il ladro)
Lamberto Maggiorani (Antonio) and Vittorio Antonucci (the thief)
Collezione Museo Nazionale del Cinema

MIRACOLO A MILANO / MIRACLE IN MILAN
Vittorio De Sica, Italia / Italy, 1951

Provini dei barboni sul set
Screen tests for the tramps on set
Foto di / Photo by Giacomo Pozzi Bellini, 1950
Collezione Museo Nazionale del Cinema

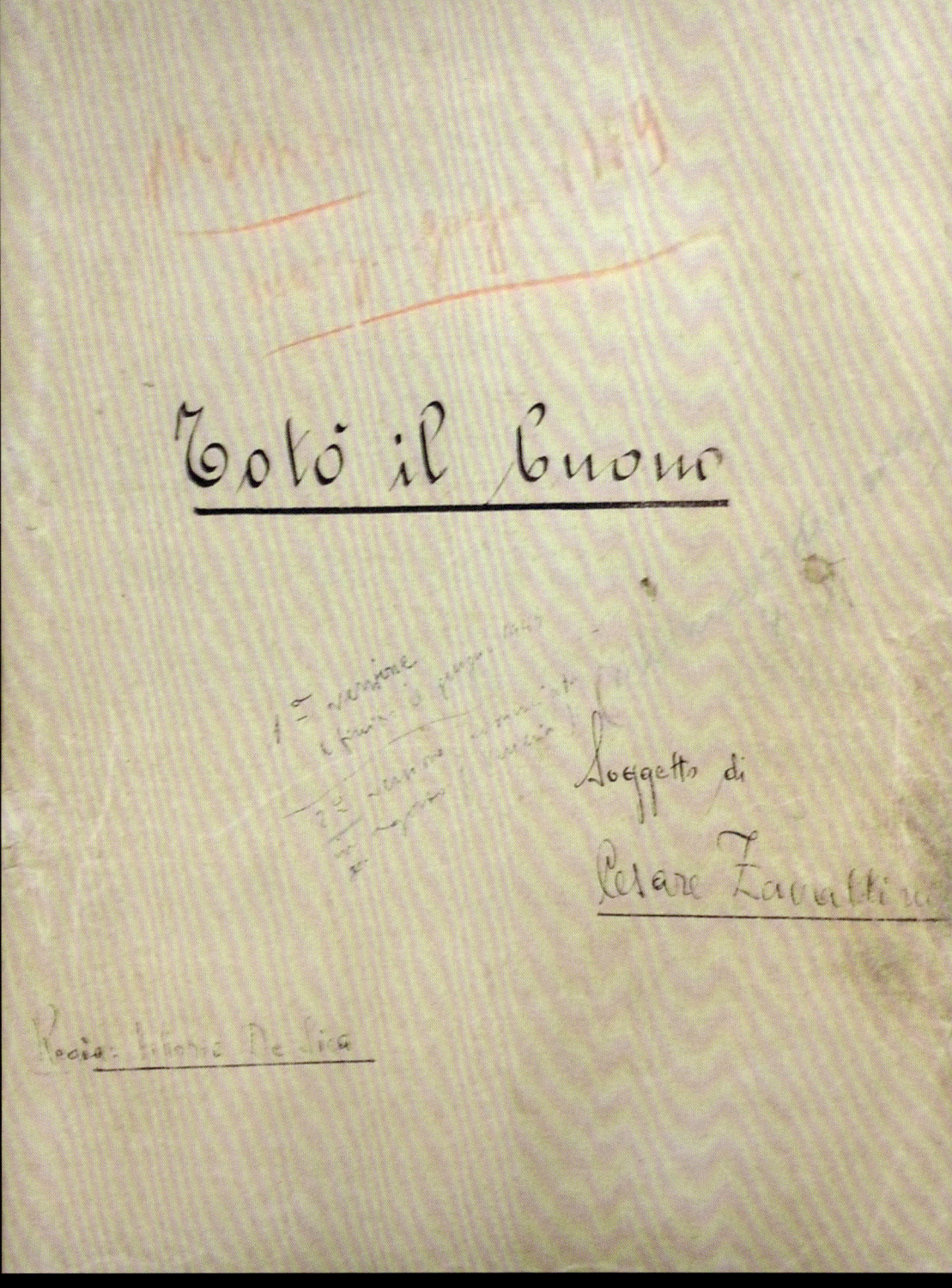

MIRACOLO A MILANO / MIRACLE IN MILAN
Vittorio De Sica, Italia / Italy, 1951
Totò il buono
Soggetto di Cesare Zavattini per il film
Scenario by Cesare Zavattini for the film
Archivio Cesare Zavattini, Biblioteca Panizzi, Reggio Emilia

MIRACOLO A MILANO / MIRACLE IN MILAN
Vittorio De Sica, Italia / Italy, 1951
Sul set / On set
Foto di / Photo by Giacomo Pozzi Bellini, 1950
Collezione Museo Nazionale del Cinema

MIRACOLO A MILANO / MIRACLE IN MILAN
Vittorio De Sica, Italia / Italy, 1951
Una scena del film / A scene from the film
Foto di / Photo by Angelo Pennoni (attr.), 1950
Archivio Fotostorico Dario Reteuna, Torino

MIRACOLO A MILANO / MIRACLE IN MILAN
Vittorio De Sica, Italia / Italy, 1951
Paolo Stoppa (Rabbi), Brunella Bovo (Edvige)
e / and Francesco Golisano (Totò)
Foto di / Photo by Angelo Pennoni (attr.), 1950
Archivio Fotografico della Cineteca Nazionale -
Centro Sperimentale di Cinematografia

MIRACOLO A MILANO / MIRACLE IN MILAN
Vittorio De Sica, Italia / Italy, 1951
Sul set / On set
Foto di / Photo by Giacomo Pozzi Bellini, 1950
Collezione Museo Nazionale del Cinema

UMBERTO D.
Vittorio De Sica, Italia / Italy, 1952

Maria Pia Casilio (Maria) e / and Carlo Battisti (Umberto D.)
Foto di / Photo by Angelo Pennoni, 1951
Archivio Giuditta Rissone - Emi De Sica

UMBERTO D.
Vittorio De Sica, Italia / Italy, 1952

Carlo Battisti (Umberto D.)
Foto di / Photo by Angelo Pennoni, 1951
Archivio Giuditta Rissone - Emi De Sica

UMBERTO D.
Vittorio De Sica, Italia / Italy, 1952

Carlo Battisti (Umberto D.) e / and Maria Pia Casilio (Maria)
Foto di / Photo by Angelo Pennoni, 1951
Archivio Giuditta Rissone - Emi De Sica

UMBERTO D.
Vittorio De Sica, Italia / Italy, 1952

Carlo Battisti (Umberto D.)
Foto di / Photo by Angelo Pennoni, 1951
Archivio Fotografico della Cineteca Nazionale -
Centro Sperimentale di Cinematografia

VITTORIO DE SICA – GLI ANNI PIU' BELLI DELLA MIA VITA

IL PIANTO DI CHAPLIN

"Questo film non piacerà agli americani" disse Chaplin a De Sica, nella casa di Merle Oberon a Hollywood, dopo la proiezione di "Umberto D."; cominciava la strana emozionante esperienza del regista italiano negli Stati Uniti

A un tratto nella fila dei genitori, vidi un operaio che teneva il figlioletto per mano. Gli feci segno di avanzare, lui venne dinanzi esistante, sospingendo il bambino come in un piatto e sorridendogli con malinconica speranza. «No», gli dissi, «sei tu che mi interessi, non il bambino». Era Lamberto Maggiorani. Gli feci subito il provino, e come si muoveva, come si sedeva, come muoveva le mani, pieno di calli, mani di operaio non di attore, tutto in lui era perfetto. Mi fece promettere che poi il film non avrebbe pensato al cinema, sarebbe ritornato al suo lavoro. Mantenne la parola con onestà, ma poi ci furono i licenziamenti alla Breda, si trovò disoccupato e il cinema ritornò come all'ultimo rifugio.

Infatti però il bambino non si trovava. Disperato, decisi di cominciare ugualmente il film. Iniziai con la scena dell'amico che lo aiuta a ritrovare la bicicletta. Si girava in quella specie di teatrino del dopolavoro. Stavo dicendo qualcosa a Maggiorani, quando mi voltai infastidito dai curiosi che mi si affollavano intorno e vedo uno strano bambino con una faccia tonda, e un nasone buffo, e stupendi occhi vivissimi. «Questo me l'ha mandato San Gennaro», pensai. Era infatti la prova che tutto andava bene. Ci sono, nella vita dell'uomo, le giornate triste, nelle quali tutto va bene, tutto procede con semplicità, con naturalezza. Ebbene quella di «Ladri di biciclette» è stata la mia giornata felice.

Non ho mai avuto il coraggio di vedere in pubblico i miei film. Il pubblico mi riempie di inquietudine, temo sempre che non riesca a sopportare la lunghezza normale del film; sono invece che ne può il sopporta e vorrei che finisse prima, del se scene fossero più corte. La sera della prima di «Ladri di biciclette» addirittura mi nascosi agli amici; ma a una certa ora non reggevo più, mi misi in strada, mi avviciniai all'ingresso del Metropolitan di Roma. Conoscevo il direttore e a bassa voce, come un ladro, gli domandai come reagiva il pubblico. Stava per rispondermi quando uscì dalla sala un operaio con la moglie e quattro figli. Vide il direttore, disse «Aridateci il sordo e avvertite sul cartellone le famiglie numerose quando er film è una fregatura».

Poi presentai il film a Parigi. C'ero andato per venderlo, contando sul ricordo di «Sciuscià a Due amici francesi avevano già veduto «Ladri di biciclette», Charensol e Becker, e il primo mi consigliò di offrire una serata agli artisti parigini. Vide che entusiasmo, il morito (era la prima volta che mi recavo all'estero in funzione di autore) e disse: «La ringrazio dell'opera d'arte». Fu la serata più emozionante della mia vita. La sala Pleyel era gremita da tremila persone, uomini di letteratura e di cinema, tutta la Parigi intellettuale. Come mi batteva il cuore, dovetti parlare al pubblico, per prima volta nella mia vita, e parlare in francese! Ma dopo la proiezione fu il trionfo. René Clair mi abbracciò, André Gide l'indomani mi mandò un libro con una dedica che faceva onore, più che a me, al cinema come arte.

«Ladri di biciclette» ebbe cinque nastri d'argento e cinque premi internazionali e guadagnò abbastanza denaro per pagare i debiti di «Sciuscià». Ma ormai avevo capito che si trattava delle famiglie numerose quando er film è una fregatura... Ma ormai le famiglie numerose dovevano sostenere il peso di nuovi film miei, avrei dovuto fare l'attore in film altrui.

Nel 1950 dietro i film di Leonida Moguy «Domani è troppo tardi» un contributo dava oltre la mia interpretazione; il film ebbe un grande successo commerciale ed io ogni pensai alla strana sorte che mi accompagna sempre, di favorire la fortuna economica altrui (il caso si ripeterà con «Pane amore e fantasia») e di procurarne tanto poca a me. In quello stesso anno infatti «Miracolo a Milano» e «con denaro in gran parte mio; e i debiti fatti ancora una volta non sono riusciti a pagarli».

«Miracolo a Milano» è il mio film più discusso: non è piaciuto ad amici a me cari, come Mario Gromo, è piaciuto a colleghi che stimo profondamente, come Jean Renoir. E un film che suscita reazioni diversissime, ciascuno lo vede e lo sente a suo modo. Per quanto mi riguarda, vorrei dire semplicemente che sono nato da quel film da una profonda affezione sentimentale.

La lavorazione di «Umberto D.» fu preceduta da mesi di turbamento e di ansietà. «Miracolo a Milano» era stato accolto dal pubblico italiano meglio che le opere precedenti (più tardi avrebbe avuto la consacrazione a Cannes), ma aveva rinfocolato gli attacchi a Zavattini e a me una certa parte della stampa, la quale rivolgeva le vecchie accuse di sovversivismo augurandosi al tempo stesso che qualche provvedimento di polizia, troncasse la nostra funesta collaborazione. Ero dunque ben consapevole che lo stesso malvagio travisamento politico avrebbe colpito «Umberto D.» D'altra parte la storia di quel vecchio pensionato, quella sua tragica solitudine, quella sua sconfinata tristezza e quei suoi patetici maldestri tentativi di riscattarsi di contare sull'universalità che chiunque avrebbe compreso. Poche volte mi è accaduto di appassionarmi a un soggetto quanto mi appassionavo in omaggio a Cesare Zavattini. Da molto tempo, fin dai nostri primi incontri, sapevo quanto egli tenesse al tema, sapevo quanto fosse bello e che avevo idealmente voluto girare il film. Pensai a «Miracolo a Milano» come a un film tutto suo. Un anno dopo Zavattini mi disse: «Vorrei fare un film di un vecchio; dovrebbe chiamarsi Umberto D. Umberto De Sica è il nome di mio padre; ma Zavattini non mi disse mai di avere pensato a mio padre ideando il soggetto, né io mai gli chiesi se egli avesse voluto ricambiare il gesto di affetto del quale erano nati «Totò il buono» e «Miracolo a Milano». Le vere amicizie si nutrono sempre di sentimenti e di gesti taciuti, non confessati.

Il film fu prodotto da Angelo Rizzoli, per il quale avevo lavorato concorrendo alla produzione di «Domani è troppo tardi». Per la verità Rizzoli non ne voleva troppo sapere, intuiva che gli sarebbe costato troppo denaro. Per un anno mi avevi offerto insistentemente la regia di «Don Camillo». Io dicevo: «Guarda, Vittorio, fammi prima "Don Camillo" e poi ti faccio fare "Umberto D.". Mi offriva cento milioni per «Don Camillo». Sa Dio quanto mi costasse rifiutarli. Replicavo: «Concediti il lusso di fare "Umberto D.", così come da editore ti concedi di stampare un classico». La spuntai e speravo tanto sul mio amico Rizzoli guadagnasse con «Umberto D.». Non ci sono riuscito e mi dispiace. Non costò nemmeno tanto, il film: 97 milioni la produzione vera e propria, in tutto circa 140 milioni. Disgraziatamente l'insuccesso italiano si è riverberato all'estero, in Francia è stato presentato male, quasi di sfuggita, in Inghilterra Korda ha preso senza concedere benignamente garantito e lo ha tenuto due anni in magazzino.

Ma a dispetto di tutto lo penso, se me lo permettessi, che sia un buon film, e non soltanto straordinariamente importante nella mia vita di artista e di uomo. L'ho veduto recentemente a Londra, durante la "Settimana del film italiano". Non lo vedevo da due anni, ma lo rivedevo così commosso. Se dovessi rifarlo lo rifarei, e taglierei come «Ladri di biciclette». In «Umberto D.» taglierei solo una scena, quella dei bambini che giocano nel finale. Volevo esprimere la speranza di imprimere al film un nuovo tono commerciale. Sebbene non fosse compreso nel programma ufficiale, ho ottenuto che se ne desse una visione privata e ho fatto bene: hanno scritto cose che mi hanno fatto arrossire (il critico del "News Chronicle" ha detto che quello è il miglior film che ha visto nella sua carriera), esagerazioni a parte recentemente ha realizzato «Fronte del porto») si reca a salutare De Sica, durante il ricevimento offerto all'ospite italiano dal "Museo d'arte moderna" di New York. Era l'inverno 1952.

VITTORIO DE SICA
(Continua alla pagina seguente)

«Zavattini ha ragione, i poveri sono proprio matti»: così dice De Sica ricordando la lavorazione del film "Miracolo a Milano". Ecco il regista alla testa della turba di "barboni" mentre si prepara la scena della sommossa; col bastone in mano è Erminio Spalla, dietro al regista l'altro ex-pugile del film, Riccardo Bertazzolo. Continua a raccontare De Sica: «Fu una lavorazione curiosa, divertente e difficile, per quella strana mescolanza di veri mendicanti e di attori; i primi si comportavano in modo stranissimo, sconcertavano gli attori con la loro poetica follia».

UN BIMBETTO TRANQUILLO

I primi passi di Vittorio De Sica non si differenziano da quelli di qualsiasi bimbo del l'inizio del Novecento. Eccolo qui a sinistra con la sorella, nella casa paterna di Sora; è il bimbo al centro e ha solo tre anni (siamo nel 1904). Nella foto di destra invece è la più piccola (l'altra è il fratello minore), ha messo i primi pantaloni lunghi e ha già dimenticato l'esperienza cinematografica affrontata l'anno prima nel film "Clemenceau". Qui sopra Vittorio è alunno dell'Istituto tecnico di Roma; sognava di diventare ragioniere e poi magari dottore commercialista.

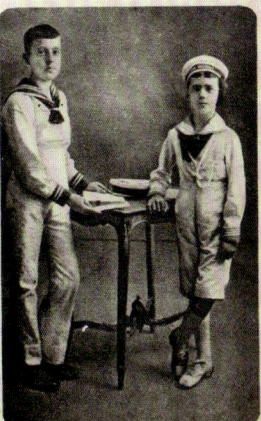

Fine dicitore radiofonico, primo attor giovane della commedia italiana, esordiente divo cinematografico: De Sica, fra il 1930 e il 1935, vive i suoi anni più spensierati, trascinato dal successo.

CESARE ZAVATTINI E VITTORIO DE SICA DURANTE I SOPRALLUOGHI PER IL FILM "IL TETTO"
CESARE ZAVATTINI AND VITTORIO DE SICA WHILE SCOUTING FOR THE FILM "THE ROOF"

Foto di / Photo by Arturo Zavattini, 1956
Archivio Cesare Zavattini, Biblioteca Panizzi, Reggio Emilia

8.2.56

Caro desica,

non riesco a scriverti la lettera che vorrei, è dal momento che mi hanno annunciato il nastro — a me solo e non a te — che mi sento in un disagio continuo, quasi fossi colpevole di qualchecosa. Per la prima volta mi capita questo, forse perchè ho messo radice nel suo animo, al di sopra delle nostre piccole diatribe, che niente mi gela che non gela anche a te, ~~~~~ nel tetto, ~~~~~ e negli altri nostri film, solo un arte vera, schietta come i fiori, la terra, per far brillare quel filo da baco di seta che c'è. Forse litigheremo ancora, ma la stima e la gratitudine che ho per te aumenta, si fortifica, e vorrei che tu lo capissi anche se te lo dico così male, ogni volta che vedo le nostre film mi sembra

tempo che ho camminato in miracolo

ti abbraccio tuo

Cesare

SCIUSCIÀ / SHOESHINE
Vittorio De Sica, Italia / Italy, 1946

Manifesto di Pasqualini, 1948
Poster by Pasqualini, 1948
Collezione Museo Nazionale del Cinema

LADRI DI BICICLETTE / BICYCLE THIEVES
Vittorio De Sica, Italia / Italy, 1948

Manifesto di Ercole Brini, 1955
Poster by Ercole Brini, 1955
Collezione Museo Nazionale del Cinema

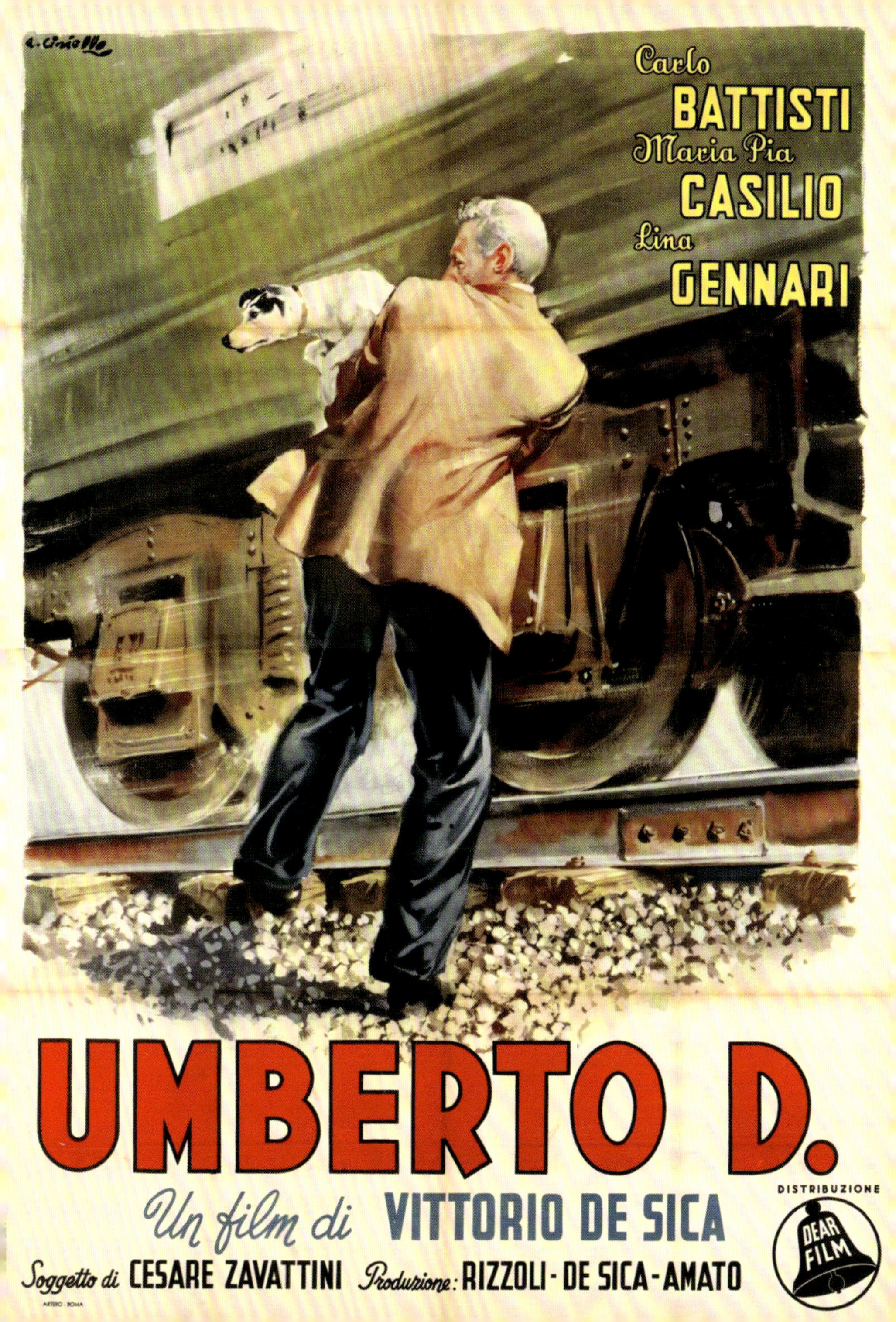
Carlo
BATTISTI
Maria Pia
CASILIO
Lina
GENNARI
UMBERTO D.
Un film di VITTORIO DE SICA
DISTRIBUZIONE
DEAR FILM
Soggetto di CESARE ZAVATTINI
Produzione: RIZZOLI - DE SICA - AMATO

IL BANDITO / THE BANDIT
Alberto Lattuada, Italia / Italy, 1946

Amedeo Nazzari (Ernesto) e / and Carla Del Poggio (Maria)
Archivio Fotografico della Cineteca Nazionale -
Centro Sperimentale di Cinematografia

IL BANDITO / THE BANDIT
Alberto Lattuada, Italia / Italy, 1946
Amedeo Nazzari (Ernesto)
Archivio Fotografico della Cineteca Nazionale -
Centro Sperimentale di Cinematografia

SENZA PIETÀ / WITHOUT PITY
Alberto Lattuada, Italia / Italy, 1948
Giulietta Masina (Marcella) e / and Carla Del Poggio (Angela)
Foto di / Photo by Ampelio Ciolfi
Archivio Fotografico della Cineteca Nazionale -
Centro Sperimentale di Cinematografia

SENZA PIETÀ / WITHOUT PITY
Alberto Lattuada, Italia / Italy, 1948
Carla Del Poggio (Angela)
Foto di / Photo by Ampelio Ciolfi
Archivio Fotografico della Cineteca Nazionale -
Centro Sperimentale di Cinematografia

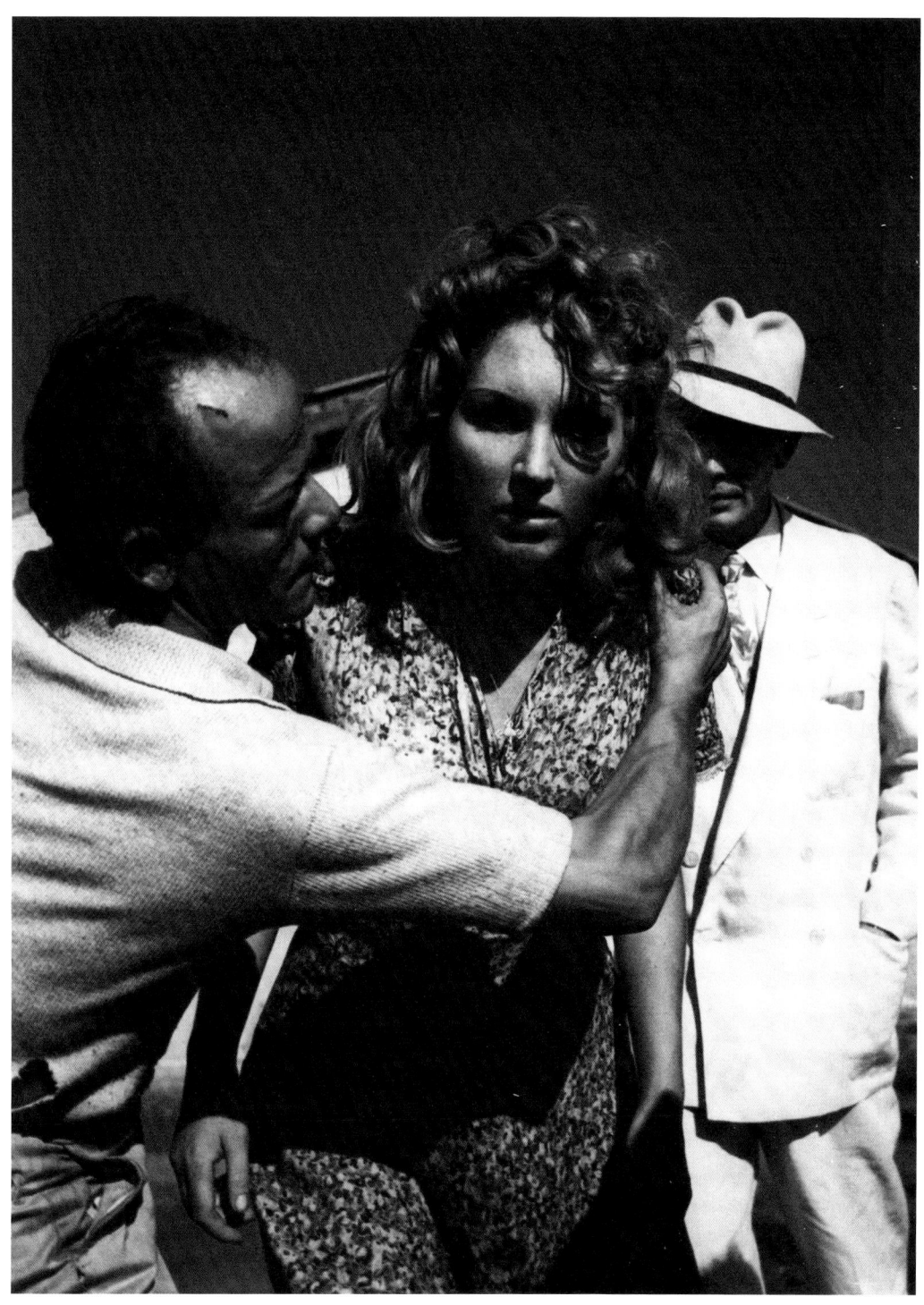

SENZA PIETÀ / WITHOUT PITY
Alberto Lattuada, Italia / Italy, 1948
Carla Del Poggio (Angela)
Archivio Fotografico della Cineteca Nazionale -
Centro Sperimentale di Cinematografia

CACCIA TRAGICA / TRAGIC HUNT
Giuseppe De Santis, Italia / Italy, 1947

Una scena del film
A scene from the film
Foto di / Photo by © Osvaldo Civirani, 1946
Archivio Fotografico della Cineteca Nazionale -
Centro Sperimentale di Cinematografia

CACCIA TRAGICA / TRAGIC HUNT
Giuseppe De Santis, Italia / Italy, 1947

Carla Del Poggio (Giovanna) in una scena del film
Carla Del Poggio (Giovanna) in a scene from the film
Foto di / Photo by Osvaldo Civirani, 1946
Collezione Museo Nazionale del Cinema

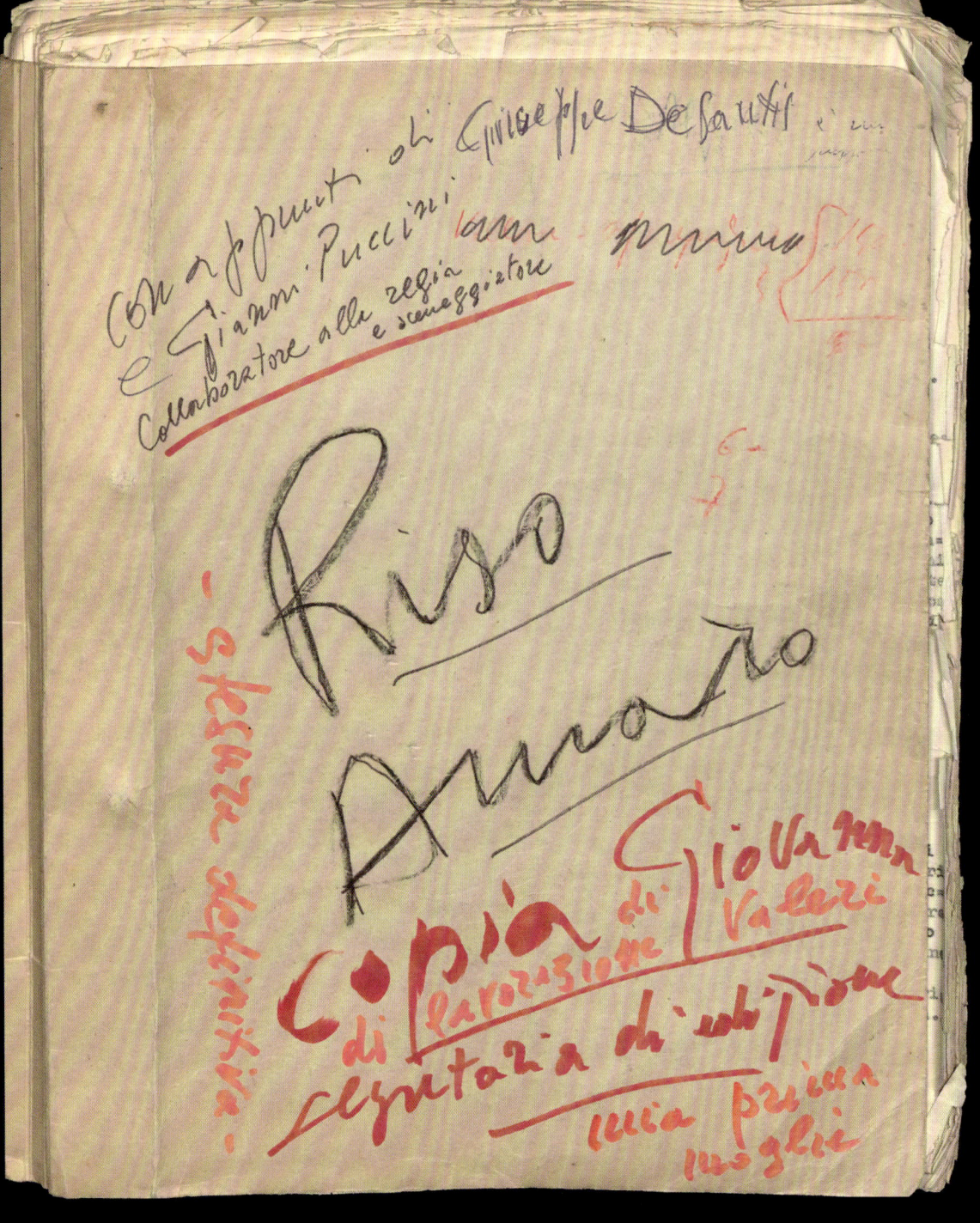

RISO AMARO / BITTER RICE
Giuseppe De Santis, Italia / Italy, 1949

Sceneggiatura di lavorazione
Shooting script
Di / By Corrado Alvaro, Giuseppe De Santis, Carlo Lizzani, Carlo Musso, Ivo Perilli e / and Gianni Puccini, 1948
Collezione Museo Nazionale del Cinema

RISO AMARO / BITTER RICE
Giuseppe De Santis, Italia / Italy, 1949

Scene, poi tagliate, in cui Silvana Mangano (Silvana) e le altre mondine fanno il bagno seminude
Scenes, later cut, in which Silvana Mangano (Silvana) and other rice weeders are taking a bath half-naked
Serie di negativi su pellicola / Series of film negatives
Foto di / Photo by © Elirio Invernizzi, 1948
Collezione Museo Nazionale del Cinema

NON C'È PACE TRA GLI ULIVI
UNDER THE OLIVE TREE
Giuseppe De Santis, Italia / Italy, 1950

Raf Vallone (Francesco) e Maria Grazia Francia (Maria Grazia) in una scena del film
Raf Vallone (Francesco) and Maria Grazia Francia (Maria Grazia) in a scene from the film
Foto di / Photo by © Elirio Invernizzi, 1950
Collezione Museo Nazionale del Cinema

ROMA, ORE 11 / ROME 11:00
Giuseppe De Santis, Italia / Italy, 1952

Una scena del film
A scene from the film
Archivio Fotostorico Dario Reteuna, Torino

ROMA, ORE 11 / ROME 11:00
Giuseppe De Santis, Italia / Italy, 1952
Una scena del film
A scene from the film
Foto di / Photo by © Osvaldo Civirani, 1951
Archivio Fotografico della Cineteca Nazionale -
Centro Sperimentale di Cinematografia

LETTERA APERTA AL REGISTA DE SANTIS

La visione del film "Roma ore 11" ci spinge a scriverle per ringraziarla pubblicamente, come spettatrici per le emozioni che la Sua opera ha suscitate in noi, come ragazze per la sensibilità e la sincerità con cui ha saputo parlare del nostro mondo, dei nostri e grandi piccoli drammi, delle nostre aspirazioni e delle nostre gioie.

La ringraziamo a nome delle ragazze italiane. La Sua opera contribuirà, con l'efficacia delle vere opere d'arte che parlano alla mente e al cuore, a far conoscere al pubblico nella loro gravità i problemi di tanta parte della gioventù. In questo senso il Suo film sarà di grande aiuto alle ragazze nella lotta per risolvere quei problemi, così diversi l'uno dall'altro come sono diverse le vicende delle protagoniste di "Roma ore 11", come furono diverse le ragioni e le speranze che spinsero le ragazze romane sulla tragica scala di Via Savoia, ma che si riassumono in una sola parola: vivere!

Le ragazze italiane vogliono vivere: non vogliono vedere intristire nella miseria i loro sogni, piccoli o grandi che siano; vogliono un posto nella società per bastare a se stesse, per aiutare le loro famiglie; vogliono trovare nello studio e nel lavoro la strada per la loro elevazione.

Ella, signor regista ha saputo far parlare queste aspirazioni, con semplicità e con coraggio, con crudo coraggio, in certi momenti del suo film: ha saputo descrivere la forza dei sentimenti giovanili, il dolore di chi soffre molto presto, la fresca fiducia dell'amore, la riserva di intatte energie di chi nella tristezza di ogni giorno sa trovare la voce per cantare.

I Suoi personaggi ispirano una profonda, umana simpatia: quando commuovono e quando fanno sorridere, come nella realtà che non è fatta solo di abbattimento ma di speranza e di amore della vita.

Nell'ultima scena del Suo film, una ragazza, la più giovane e la

semplice di tutte, attende ancora il posto di dattilografa, seduta fuori del cancello della casa crollata. Al pubblico Ella ha voluto dire con quest'ultima commovente immagine: ecco, oltre il drammatico episodio che ho narrato, il problema rimane: è un problema che bisogna risolvere.-

Questo invito Ella lo ha rivolto a tutta la società nostra, a tutti gli italiani perchè fraternamente si uniscano e si pieghino a medicare insieme le ferite della loro Patria.

Perciò noi non esitiamo a dire che il Suo film ha il valore di una bella battaglia non soltanto per l'avvenire delle ragazze, ma per l'avvenire del nostro Paese, e anche di questo La ringraziamo.

Le auguriamo molti altri successi nel Suo lavoro e, per il grande contributo di solidarietà d'uomo e d'artista, da Lei dato alle ragazze italiane con questo film noi la salutiamo come il "nostro" regista, il regista delle giovani generazioni.

La Commissione Ragazze dell'UDI Nazionale .-

Alba Meloni
Irma Di Bitonto
Luisa Fragapoglia

Roma, lì 11 Marzo 1952

ACHTUNG! BANDITI! / ATTENTION! BANDITS!
Carlo Lizzani, Italia / Italy, 1951

Carlo Lizzani sul set
Carlo Lizzani on set
Collezione Museo Nazionale del Cinema

ACHTUNG! BANDITI! / ATTENTION! BANDITS!
Carlo Lizzani, Italia / Italy, 1951

Gina Lollobrigida (Anna)
Foto di / Photo by © Osvaldo Civirani, 1951
Archivio Fotografico della Cineteca Nazionale -
Centro Sperimentale di Cinematografia

RISO AMARO / BITTER RICE
Giuseppe De Santis, Italia / Italy, 1949
Manifesto di Dante Manno, senza data
Poster by Dante Manno, undated
Collezione Museo Nazionale del Cinema

ACHTUNG! BANDITI! / ATTENTION! BANDITS!
Carlo Lizzani, Italia / Italy, 1951

Manifesto di Carlantonio Longi, senza data
Poster by Carlantonio Longi, undated
Collezione Museo Nazionale del Cinema

IL CAMMINO DELLA SPERANZA / THE PATH OF HOPE
Pietro Germi, Italia / Italy, 1950

Sul set / On set
Foto di / Photo by Elirio Invernizzi, 1950
Collezione Museo Nazionale del Cinema

IL CAMMINO DELLA SPERANZA / THE PATH OF HOPE
Pietro Germi, Italia / Italy, 1950

Elena Varzi (Barbara), Raf Vallone (Saro) e / and Chicco Coluzzi (Buda)
Foto di / Photo by Elirio Invernizzi, 1950
Collezione Museo Nazionale del Cinema

IL FERROVIERE / THE RAILROAD MAN
Pietro Germi, Italia / Italy, 1956

Pietro Germi ed Edoardo Nevola durante la lavorazione del film
Pietro Germi and Edoardo Nevola during the shooting of the film
Collezione Museo Nazionale del Cinema

IL FERROVIERE / THE RAILROAD MAN
Pietro Germi, Italia / Italy, 1956
Edoardo Nevola (Sandrino)
Collezione Museo Nazionale del Cinema

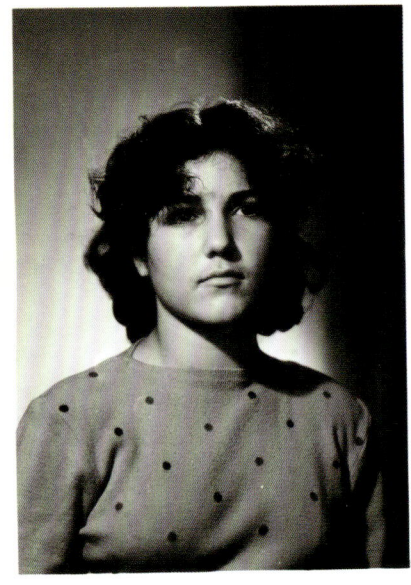
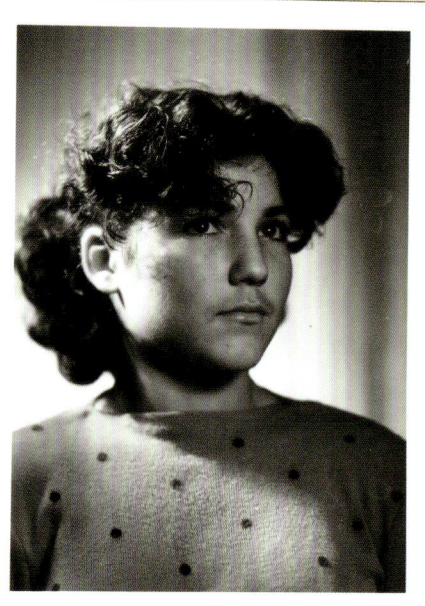

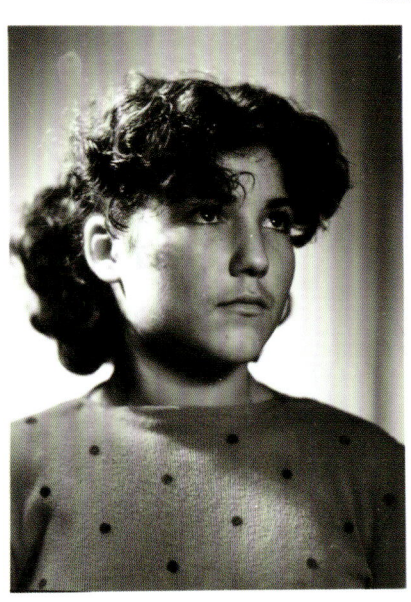

DUE SOLDI DI SPERANZA / TWO CENTS WORTH OF HOPE
Renato Castellani, Italia / Italy, 1952

Provini di Maria Fiore (Iolanda Di Fiori) per il film, 1951
Maria Fiore's (Iolanda Di Fiori) screen tests for the film, 1951
Collezione Museo Nazionale del Cinema

DUE SOLDI DI SPERANZA / TWO CENTS WORTH OF HOPE
Renato Castellani, Italia / Italy, 1952
Maria Fiore (Carmela)
Foto di / Photo by Vittorio Mazza
Archivio Fotografico della Cineteca Nazionale -
Centro Sperimentale di Cinematografia © Reporters Associati

GLI SBANDATI / ABANDONED
Francesco Maselli, Italia / Italy, 1955
Una scena del film / A scene from the film
Foto di / Photo by © Giovan Battista Poletto, 1955 circa
Archivio Fotografico della Cineteca Nazionale -
Centro Sperimentale di Cinematografia

GLI SBANDATI / ABANDONED
Francesco Maselli, Italia / Italy, 1955

Lucia Bosè (Lucia) in una scena del film
Lucia Bosè (Lucia) in a scene from the film
Foto di / Photo by © Giovan Battista Poletto, 1955 circa
Archivio Fotografico della Cineteca Nazionale -
Centro Sperimentale di Cinematografia

LA SFIDA
Francesco Rosi, Italia / Italy, 1958

Rosanna Schiaffino (Assunta) e / and Nino Vingelli (Gennaro)
Foto di / Photo by Ermanno Consolazione, 1958 circa
Collezione Museo Nazionale del Cinema
© Reporters Associati

LA SFIDA
Francesco Rosi, Italia / Italy, 1958

José Suárez (Vito Polara) e / and Rosanna Schiaffino (Assunta)
Foto di / Photo by Ermanno Consolazione, 1958 circa
Collezione Museo Nazionale del Cinema
© Reporters Associati

SALVATORE GIULIANO
Francesco Rosi, Italia / Italy, 1962
Una scena del film
A scene from the film
Collezione Museo Nazionale del Cinema

SALVATORE GIULIANO
Francesco Rosi, Italia / Italy, 1962
Francesco Rosi sul set
Francesco Rosi on set
Foto di / Photo by Pat Morin, 1961
Collezione Museo Nazionale del Cinema

FILMOGRAFIA ESSENZIALE DEL CINEMA NEOREALISTA
BASIC FILMOGRAPHY OF THE NEOREALIST CINEMA

A CURA DI / EDITED BY STEFANO BONI

La presente filmografia (comprensiva anche della fase pre e post neorealista) non ha pretese di esaustività ed è stata compilata seguendo l'impianto della mostra. Per maggiore completezza include anche film che non hanno trovato spazio nell'allestimento. L'indicazione dell'anno fa riferimento al visto censura.

This filmography, which also extends to the pre- and post-neorealist periods, does not claim to be exhaustive, since it was designed to complement the exhibit. For the sake of completeness, it also lists films that we were unable to feature in the show. The indicated year refers the date of the censorship card.

Legenda
Regia: director
Soggetto: story
Sceneggiatura: screenplay
Fotografia: cinematography
Musica: music
Scenografia: art direction
Costumi: costume design
Montaggio: film editing
Interpreti: cast
Produzione: production
Durata: runtime
Origine e anno: country and year of production
B/n: black & white
Da un romanzo di: based on the novel by

1860 – I MILLE DI GARIBALDI (GESUZZA THE GARIBALDIAN WIFE)
Regia: Alessandro Blasetti; *soggetto*: Gino Mazzucchi; *sceneggiatura*: A. Blasetti, Emilio Cecchi, G. Mazzucchi; *fotografia* (b/n): Anchise Brizzi, Giulio De Luca; *musica*: Nino Medin; *scenografia*: Vittorio Cafiero; *costumi*: Vittorio Nino Novarese; *montaggio*: A. Blasetti, Giacinto Solito, Ignazio Ferronetti; *interpreti*: Aida Bellia, Giuseppe Gulino, Gianfranco Giachetti, Mario Ferrari, Maria Denis; *produzione*: Cines; *durata*: 81'; *origine e anno*: Italia, 1933.

TRENO POPOLARE
Regia: Raffaello Matarazzo; *soggetto e sceneggiatura*: R. Matarazzo, Gastone Bosio, Gino Mazzucchi; *fotografia* (b/n): Anchise Brizzi; *musica*: Nino Rota; *montaggio*: Marcello Caccialupi; *interpreti*: Marcello Spada, Lina Gennari, Carlo Petrangeli, Maria Denis, Cesare Zoppetti; *produzione*: Safir; *durata*: 63'; *origine e anno*: Italia, 1933.

TONI (ID.)
Regia: Jean Renoir; *soggetto*: Jacques Levert; *sceneggiatura*: J. Renoir, Carl Einstein; *fotografia* (b/n): Claude Renoir; *musica*: Paul Bozzi; *scenografia*: Leon Bourrely; *montaggio*: Suzanne de Troeye, Marguerite Renoir; *interpreti*: Charles Blavette, Celia Montalván, Édouard Delmont, Max Dalban, Jenny Hélia; *produzione*: Les Films Marcel Pagnol; *durata*: 81'; *origine e anno*: Francia, 1934.

VECCHIA GUARDIA (OLD GUARD)
Regia: Alessandro Blasetti; *soggetto*: Giuseppe Zucca, Livio Apolloni; *sceneggiatura*: A. Blasetti, G. Zucca, Leo Bomba, Guido Albertini; *fotografia* (b/n): Otello Martelli; *scenografia*: L. Bomba; *montaggio*: A. Blasetti, Ignazio Ferronetti; *interpreti*: Gianfranco Giachetti, Mino Doro, Franco Brambilla, Maria Puccini, Barbara Monis; *produzione*: Fauno Film; *durata*: 87'; *origine e anno*: Italia, 1935.

IL PORTO DELLE NEBBIE (LE QUAI DES BRUMES)
Regia: Marcel Carné; *soggetto*: dal romanzo di Pierre Dumarchais; *sceneggiatura*: Jacques Prévert; *fotografia* (b/n): Eugen Schüfftan; *musica*: Maurice Jaubert; *scenografia*: Alexandre Trauner; *costumi*: Coco Chanel; *montaggio*: René Le Hénaff; *interpreti*: Jean Gabin, Michel Simon, Michèle Morgan, Pierre Brasseur, Raymond Aimos; *produzione*: Ciné-Alliance; *durata*: 91'; *origine e anno*: Francia, 1938.

LA NAVE BIANCA (THE WHITE SHIP)
Regia: Roberto Rossellini; *soggetto*: Francesco De Robertis; *sceneggiatura*: F. De Robertis, R. Rossellini; *fotografia* (b/n): Giuseppe Caracciolo; *musica*: Renzo Rossellini; *scenografia*: Amleto Bonetti; *montaggio*: Eraldo Da Roma; *produzione*: Scalera Film/Centro Cinematografico del Ministero della Marina; *durata*: 70'; *origine e anno*: Italia, 1941.

UOMINI SUL FONDO (S.O.S. SUBMARINE)
Regia, soggetto, sceneggiatura e montaggio: Francesco De Robertis; *fotografia* (b/n): Giuseppe Caracciolo; *musica*: Edgardo Carducci; *scenografia*: Amleto Bonetti; *interpreti*: Felga Lauri, Marichetta Stoppa, Diego Pozzetto; *produzione*: Scalera Film; *durata*: 98'; *origine e anno*: Italia, 1941.

ALFA TAU!
Regia, soggetto, sceneggiatura e montaggio: Francesco De Robertis; *fotografia* (b/n): Giuseppe Caracciolo; *musica*: Edgardo Carducci; *produzione*: Scalera Film/Centro Cinematografico del Ministero della Marina; *durata*: 80'; *origine e anno*: Italia, 1942.

AVANTI C'È POSTO... (BEFORE THE POSTMAN)
Regia: Mario Bonnard; *soggetto*: Cesare Zavattini, Piero Tellini, Aldo Fabrizi; *sceneggiatura*: C. Zavattini, P. Tellini, A. Fabrizi, Federico Fellini, M. Bonnard; *fotografia* (b/n): Vincenzo Seratrice; *musica*: Giulio Bonnard; *scenografia*: Gianni Sarazani; *montaggio*: Maria Rosada; *interpreti*: A. Fabrizi, Andrea Checchi, Adriana Benetti, Virgilio Riento, Carlo Micheluzzi; *produzione*: Cines; *durata*: 82'; *origine e anno*: Italia, 1942.

FARI NELLA NEBBIA
Regia: Gianni Franciolini; *soggetto*: Rinaldo Dal Fabbro, Oreste Gasperini, Giuseppe Mangione, Alberto Pozzetti; *sceneggiatura*: Corrado Alvaro, Edoardo Anton, Giuseppe Zucca; *fotografia* (b/n): Aldo Tonti; *musica*: Enzo Masetti; *scenografia*: Gastone Medin; *montaggio*: Mario Serandrei; *interpreti*: Fosco Giachetti, Luisa Ferida, Antonio Centa, Mariella Lotti, Mario Siletti; *produzione*: Fauno Film; *durata*: 87'; *origine e anno*: Italia, 1942.

UN PILOTA RITORNA (A PILOT RETURNS)
Regia: Roberto Rossellini; *soggetto*: Vittorio Mussolini; *sceneggiatura*: Michelangelo Antonioni, Rosario Leone, Massimo Mida Puccini, Margherita Maglione, R. Rossellini,

Ugo Betti, Gherardo Gherardi; *fotografia* (b/n): Vincenzo Seratrice; *musica*: Renzo Rossellini; *scenografia*: Virgilio Marchi, Franco Bartoli; *montaggio*: Eraldo Da Roma; *interpreti*: Massimo Girotti, Michela Belmonte, Gaetano Masier, Elvira Betrone, Nino Brondello; *produzione*: ACI; *durata*: 84'; *origine e anno*: Italia, 1942.

4 PASSI FRA LE NUVOLE (FOUR STEPS IN THE CLOUDS)

Regia: Alessandro Blasetti; *soggetto*: Cesare Zavattini, Piero Tellini; *sceneggiatura*: Giuseppe Amato, A. Blasetti, Aldo De Benedetti, C. Zavattini, P. Tellini; *fotografia* (b/n): Václav Vich; *musica*: Alessandro Cicognini; *scenografia*: Virgilio Marchi; *montaggio*: Mario Serandrei; *interpreti*: Gino Cervi, Giuditta Rissone, Adriana Benetti, Guido Celano, Giacinto Molteni; *produzione*: Cines; *durata*: 94'; *origine e anno*: Italia, 1942.

I BAMBINI CI GUARDANO (THE CHILDREN ARE WATCHING US)

Regia: Vittorio De Sica; *soggetto*: da un romanzo di Cesare Giulio Viola; *sceneggiatura*: Cesare Zavattini, V. De Sica, C. G. Viola, Gherardo Gherardi, Margherita Maglione, Adolfo Franci, Maria Doxelofer; *fotografia* (b/n): Romolo Garroni, Giuseppe Caracciolo; *musica*: Renzo Rossellini; *scenografia*: Vittorio Valentini, Gastone Medin, Guido Fiorini; *montaggio*: Mario Bonotti; *interpreti*: Luciano De Ambrosis, Isa Pola, Emilio Cigoli, Adriano Rimoldi, Giovanna Cigoli; *produzione*: Scalera Film/Invicta; *durata*: 90'; *origine e anno*: Italia, 1943.

CAMPO DE' FIORI (THE PEDDLER AND THE LADY)

Regia e sceneggiatura: Mario Bonnard; *soggetto*: Marino Girolami; *fotografia* (b/n): Giuseppe La Torre; *musica*: Giulio Bonnard; *scenografia*: Giovanni Sarazani; *montaggio*: Gino Talamo; *interpreti*: Aldo Fabrizi, Caterina Boratto, Peppino De Filippo, Anna Magnani, Olga Solbelli; *produzione*: Cines; *durata*: 95'; *origine e anno*: Italia, 1943.

OSSESSIONE (OBSESSION)

Regia: Luchino Visconti; *soggetto*: da un romanzo di James M. Cain; *sceneggiatura*: L. Visconti, Mario Alicata, Giuseppe De Santis, Gianni Puccini, Sergio Grieco, Rosario Assunto; *fotografia* (b/n): Aldo Tonti, Domenico Scala; *musica*: Giuseppe Rosati; *scenografia*: Gino Franzi; *costumi*: Maria De Matteis; *montaggio*: Mario Serandrei; *interpreti*: Massimo Girotti, Clara Calamai, Juan de Landa, Dhia Cristiani, Elio Marcuzzo; *produzione*: I.C.I.; *durata*: 135'; *origine e anno*: Italia, 1943.

L'ULTIMA CARROZZELLA (THE LAST WAGON)

Regia: Mario Mattoli; *soggetto*: Aldo Fabrizi; *sceneggiatura*: Federico Fellini, A. Fabrizi; *fotografia* (b/n): Tino Santoni; *musica*: Mario Ruccione; *scenografia*: Piero Filippone; *montaggio*: Fernando Tropea; *interpreti*: A. Fabrizi, Anna Magnani, Anita Durante, Elide Spada, Enzo Fiermonte; *produzione*: Continentalcine/Artisti Associati; *durata*: 90'; *origine e anno*: Italia, 1943.

L'UOMO DALLA CROCE (MAN WITH A CROSS)

Regia: Roberto Rossellini; *soggetto*: Asvero Gravelli; *sceneggiatura*: A. Gravelli, R. Rossellini, Alberto Consiglio, Giovanni D'Alicandro; *fotografia* (b/n): Guglielmo Lombardi; *musica*: Renzo Rossellini; *scenografia*: Gastone Medin; *montaggio*: Eraldo Da Roma; *interpreti*: Alberto Tavazzi, Roswita Schmidt, Attilio Dottesio, Doris Hild, Zoia Weneda; *produzione*: Continentalcine; *durata*: 72'; *origine e anno*: Italia, 1943.

DUE LETTERE ANONIME (TWO ANONYMOUS LETTERS)

Regia: Mario Camerini; *soggetto*: Ivo Perilli; *sceneggiatura*: Turi Vasile, I. Perilli, Vittorio Nino Novarese, Carlo Musso, M. Camerini; *fotografia* (b/n): Massimo Terzano; *musica*: Alessandro Cicognini; *scenografia*: Gastone Medin; *montaggio*: Baccio Bandini; *interpreti*: Ciro Berardi, Pina Piovani, Vittorio Duse, Andrea Checchi, Clara Calamai; *produzione*: Lux Film/Ninfa Film; *durata*: 90'; *origine e anno*: Italia, 1945.

GIORNI DI GLORIA (DAYS OF GLORY)

Regia: Luchino Visconti, Giuseppe De Santis, Marcello Pagliero, Mario Serandrei; *soggetto*: M. Serandrei; *fotografia* (b/n): Giovanni Pucci, Massimo Terzano; *musica*: Costantino Ferri; *montaggio*: Carlo Alberto Chiesa, M. Serandrei; *produzione*: Titanus/A.N.P.I.; *durata*: 70'; *origine e anno*: Italia, 1945.

LA PORTA DEL CIELO (THE GATE OF HEAVEN)

Regia: Vittorio De Sica; *soggetto*: Piero Bargellini; *sceneggiatura*: Cesare Zavattini, V. De Sica, Diego Fabbri, Carlo Musso, Adolfo Franci, Enrico Ribulsi; *fotografia* (b/n): Aldo Tonti; *musica*: Enzo Masetti; *scenografia*: Salvo D'Angelo; *montaggio*: Mario Bonotti; *interpreti*: Marina

Berti, Elettra Druscovich, Massimo Girotti, Roldano Lupi, Carlo Ninchi; *produzione*: Orbis Film; *durata*: 88'; *origine e anno*: Italia, 1945.

ROMA CITTÀ APERTA (ROME, OPEN CITY)
Regia: Roberto Rossellini; *soggetto*: Sergio Amidei, Alberto Consiglio; *sceneggiatura*: S. Amidei, R. Rossellini, Federico Fellini, Celeste Negarville; *fotografia* (b/n): Ubaldo Arata; *musica*: Renzo Rossellini; *scenografia*: Rosario Megna; *montaggio*: Eraldo Da Roma; *interpreti*: Anna Magnani, Aldo Fabrizi, Vito Annichiarico, Marcello Pagliero, Nando Bruno; *produzione*: Excelsa Film; *durata*: 100'; *origine e anno*: Italia, 1945.

IL BANDITO (THE BANDIT)
Regia e soggetto: Alberto Lattuada; *sceneggiatura*: Mino Caudana, Oreste Biancoli, A. Lattuada, Ettore Maria Margadonna, Tullio Pinelli, Piero Tellini; *fotografia* (b/n): Aldo Tonti; *musica*: Felice Lattuada; *scenografia*: Guglielmo Borzone; *montaggio*: Mario Bonotti; *interpreti*: Anna Magnani, Amedeo Nazzari, Carla Del Poggio, Carlo Campanini, Eliana Banducci; *produzione*: Lux Film/R.D.L.; *durata*: 87'; *origine e anno*: Italia, 1946.

UN GIORNO NELLA VITA
Regia: Alessandro Blasetti; *soggetto*: A. Blasetti, Mario Chiari, Diego Fabbri, Edoardo Anton; *sceneggiatura*: Anton Giulio Majano, Cesare Zavattini; *fotografia* (b/n): Mario Craveri; *musica*: Enzo Masetti; *scenografia*: Salvo D'Angelo, Franco Lolli, Aldo Tomassini; *montaggio*: Gisa Radicchi Levi; *interpreti*: Elisa Cegani, Massimo Girotti, Mariella Lotti, Amedeo Nazzari, Dina Sassoli; *produzione*: Orbis Film; *durata*: 117'; *origine e anno*: Italia, 1946.

O SOLE MIO
Regia: Giacomo Gentilomo; *soggetto*: Mario Amendola, Vincenzo Rovi; *sceneggiatura*: Akos Tolnay, Mario Sequi; *fotografia* (b/n): Anchise Brizzi, Tonino Delli Colli; *musica*: Ezio Carabella; *scenografia*: Alberto Boccianti; *montaggio*: Guido Bertoli; *interpreti*: Tito Gobbi, Adriana Benetti, Carlo Ninchi, Vera Carmi, Vittorio Caprioli; *produzione*: Rinascimento Film; *durata*: 92'; *origine e anno*: Italia, 1945.

IL TESTIMONE (THE TESTIMONY)
Regia e soggetto: Pietro Germi; *sceneggiatura*: Diego Fabbri, P. Germi, Cesare Zavattini, Enrico Ribulsi, Ottavio Alessi; *fotografia* (b/n): Aldo Tonti; *musica*: Enzo Masetti; *scenografia*: Aldo Tomassini Barbarossa, Salvo D'Angelo; *montaggio*: Gisa Radicchi Levi; *interpreti*: Roldano Lupi, Marina Berti, Ernesto Almirante, Sandro Ruffini, Pietro Sharoff; *produzione*: Orbis Film; *durata*: 98'; *origine e anno*: Italia, 1945.

PAISÀ (PAISAN)
Regia: Roberto Rossellini; *soggetto*: Sergio Amidei, Federico Fellini, Marcello Pagliero, Victor Alfred Haynes, R. Rossellini; *sceneggiatura*: S. Amidei, F. Fellini, R. Rossellini, Vasco Pratolini, Annalena Limentani; *fotografia* (b/n): Otello Martelli; *musica*: Renzo Rossellini; *montaggio*: Eraldo Da Roma; *interpreti*: Carmela Sazio, Robert Loonden, Dots Johnson, Gar Moore, Renzo Avanzo; *produzione*: O.F.I.; *durata*: 124'; *origine e anno*: Italia, 1946.

SCIUSCIÀ (SHOESHINE)
Regia: Vittorio De Sica; *soggetto e sceneggiatura*: Sergio Amidei, Adolfo Franci, Cesare Giulio Viola, Cesare Zavattini; *fotografia* (b/n): Anchise Brizzi; *musica*: Alessandro Cicognini; *scenografia*: Ivo Battelli; *montaggio*: Niccolò Lazzari; *interpreti*: Franco Interlenghi, Rinaldo Smordoni, Aniello Mele, Bruno Ortensi, Emilio Cigoli; *produzione*: Cinematografica Alfa; *durata*: 105'; *origine e anno*: Italia, 1946.

CACCIA TRAGICA (TRAGIC HUNT)
Regia: Giuseppe De Santis; *soggetto*: G. De Santis, Carlo Lizzani, Lamberto Rem Picci; *sceneggiatura*: Michelangelo Antonioni, Umberto Barbaro, G. De Santis, C. Lizzani, Cesare Zavattini; *fotografia* (b/n): Otello Martelli; *musica*: Giuseppe Rosati; *scenografia*: Carlo Egidi; *costumi*: Anna Gobbi; *montaggio*: Mario Serandrei; *interpreti*: Vivi Gioi, Massimo Girotti, Andrea Checchi, Carla Del Poggio, Vittorio Duse; *produzione*: A.N.P.I./Dante Film; *durata*: 90'; *origine e anno*: Italia, 1947.

GENTE DEL PO (PEOPLE OF THE PO VALLEY)
Regia e soggetto: Michelangelo Antonioni; *fotografia* (b/n): Piero Portalupi; *musica*: Mario Labroca; *montaggio*: Carlo Alberto Chiesa; *produzione*: Artisti Associati per ICET; *durata*: 9'; *origine e anno*: Italia, 1947.

L'ONOREVOLE ANGELINA (ANGELINA)
Regia: Luigi Zampa; *soggetto e sceneggiatura*: Piero Tellini, Suso Cecchi d'Amico, L. Zampa; *fotografia* (b/n):

Mario Craveri; *musica*: Enzo Masetti; *scenografia*: Piero Filippone; *montaggio*: Eraldo Da Roma; *interpreti*: Anna Magnani, Nando Bruno, Ave Ninchi, Ernesto Almirante, Agnese Dubbini; *produzione*: Lux Film/Ora Film; *durata*: 90'; *origine e anno*: Italia, 1947.

VIVERE IN PACE (TO LIVE IN PEACE)
Regia: Luigi Zampa; *soggetto*: Piero Tellini, Suso Cecchi d'Amico, L. Zampa; *sceneggiatura*: Aldo Fabrizi, P. Tellini, S. Cecchi d'Amico, L. Zampa; *fotografia* (b/n): Carlo Montuori; *musica*: Nino Rota; *scenografia*: Ivo Battelli; *montaggio*: Eraldo Da Roma; *interpreti*: A. Fabrizi, Gar Moore, Mirella Monti, John Kitzmiller, Heinrich Bode; *produzione*: Lux Film; *durata*: 89'; *origine e anno*: Italia, 1947.

ANNI DIFFICILI (DIFFICULT YEARS)
Regia: Luigi Zampa; *soggetto*: da un racconto di Vitaliano Brancati; *sceneggiatura*: Sergio Amidei, V. Brancati, Franco Evangelisti, Enrico Fulchignoni; *fotografia* (b/n): Carlo Montuori; *musica*: Franco Casavola; *scenografia*: Ivo Battelli; *costumi*: Giuliana Bagno; *montaggio*: Eraldo Da Roma; *interpreti*: Umberto Spadaro, Massimo Girotti, Ave Ninchi, Milly Vitale, Odette Bedogni; *produzione*: Briguglio Film; *durata*: 113'; *origine e anno*: Italia, 1948.

FUGA IN FRANCIA (FLIGHT INTO FRANCE)
Regia: Mario Soldati; *soggetto*: dal testo di Ennio Flaiano; *sceneggiatura*: Carlo Musso, E. Flaiano, M. Soldati, Cesare Pavese, Emilio Cecchi, Mario Bonfantini; *fotografia* (b/n): Domenico Scala; *musica*: Nino Rota; *scenografia e costumi*: Piero Gherardi; *montaggio*: Mario Bonotti; *interpreti*: Folco Lulli, Rosi Mirafiore, Mario Vercellone, Giovanni Dufour, Enrico Olivieri; *produzione*: Lux Film; *durata*: 95'; *origine e anno*: Italia, 1948.

GERMANIA ANNO ZERO (GERMAN YEAR ZERO)
Regia e soggetto: Roberto Rossellini; *sceneggiatura*: R. Rossellini, Max Colpet, Carlo Lizzani; *fotografia* (b/n): Robert Juillard; *musica*: Renzo Rossellini; *scenografia*: Piero Filippone; *montaggio*: Eraldo Da Roma; *interpreti*: Edmund Meschke, Ernest Pittschau, Ingetraud Hinz, Franz Grüger, Erich Gühne; *produzione*: Tevere Film; *durata*: 75'; *origine e anno*: Italia, 1948.

GIOVENTÙ PERDUTA (LOST YOUTH)
Regia e soggetto: Pietro Germi; *sceneggiatura*: Mario Monicelli, Antonio Pietrangeli, Enzo Provenzale, Leopoldo Trieste, Bruno Valeri, P. Germi; *fotografia* (b/n): Carlo Montuori; *musica*: Carlo Rustichelli; *scenografia*: Gino Mazzocca; *montaggio*: Renato May; *interpreti*: Carla Del Poggio, Massimo Girotti, Jacques Sernas, Franca Maresa, Diana Borghese; *produzione*: Lux Film; *durata*: 86'; *origine e anno*: Italia, 1948.

LADRI DI BICICLETTE (BYCICLE THIEVES)
Regia: Vittorio De Sica; *soggetto*: Cesare Zavattini, dal romanzo di Luigi Bartolini; *sceneggiatura*: Oreste Biancoli, C. Zavattini, Suso Cecchi d'Amico, Adolfo Franci, Gherardo Gherardi, V. De Sica, Gerardo Guerrieri; *fotografia* (b/n): Carlo Montuori; *musica*: Alessandro Cicognini; *scenografia*: Antonio Traverso; *montaggio*: Eraldo Da Roma; *interpreti*: Lamberto Maggiorani, Enzo Staiola, Lianella Carell, Elena Altieri, Gino Saltamerenda; *produzione*: Produzioni De Sica; *durata*: 93'; *origine e anno*: Italia, 1948.

N.U. - NETTEZZA URBANA
Regia, soggetto e montaggio: Michelangelo Antonioni; *fotografia* (b/n): Giovanni Ventimiglia; *musica*: Giovanni Fusco; *produzione*: ICET; *durata*: 11'; *origine e anno*: Italia, 1948.

SENZA PIETÀ (WITHOUT PITY)
Regia: Alberto Lattuada; *soggetto*: da un'idea di Ettore Maria Margadonna; *sceneggiatura*: Federico Fellini, A. Lattuada, Tullio Pinelli; *fotografia* (b/n): Aldo Tonti; *musica*: Nino Rota; *scenografia e costumi*: Piero Gherardi; *montaggio*: Mario Bonotti; *interpreti*: Carla Del Poggio, John Kitzmiller, Giulietta Masina, Folco Lulli, Pierre Claudé; *produzione*: Lux Film; *durata*: 90'; *origine e anno*: Italia, 1948.

SOTTO IL SOLE DI ROMA (UNDER THE SUN OF ROME)
Regia: Renato Castellani; *soggetto*: R. Castellani, Fausto Tozzi; *sceneggiatura*: R. Castellani, Sergio Amidei, Suso Cecchi d'Amico, Ettore Maria Margadonna, F. Tozzi; *fotografia* (b/n): Domenico Scala; *musica*: Nino Rota; *scenografia*: Dario Cecchi; *montaggio*: Jolanda Benvenuti; *interpreti*: Oscar Blando, Francesco Golisano, Liliana Mancini, Alberto Sordi, Gisella Monaldi; *produzione*: Universalcine; *durata*: 104'; *origine e anno*: Italia, 1948.

LA TERRA TREMA
Regia: Luchino Visconti; *soggetto*: L. Visconti, da un romanzo di Giovanni Verga; *sceneggiatura*: L. Visconti, Antonio Pietrangeli; *fotografia* (b/n): G.R. Aldo; *montaggio*:

Mario Serandrei; *interpreti*: Maria Micale, Sebastiano Valastro, Antonino Micale, Nelluccia Giammona, Agnese Giammona; *produzione*: Universalia; *durata*: 127'; *origine e anno*: Italia, 1948.

CAMPANE A MARTELLO
Regia: Luigi Zampa; *soggetto e sceneggiatura*: Piero Tellini; *fotografia* (b/n): Carlo Montuori; *musica*: Nino Rota; *scenografia e costumi*: Piero Gherardi; *montaggio*: Eraldo Da Roma; *interpreti*: Gina Lollobrigida, Yvonne Sanson, Carlo Romano, Carlo Giustini, Clelia Matania; *produzione*: Lux Film; *durata*: 100'; *origine e anno*: Italia, 1949.

IN NOME DELLA LEGGE (IN THE NAME OF THE LAW)
Regia: Pietro Germi; *soggetto*: da un romanzo di Giuseppe Guido Lo Schiavo; *sceneggiatura*: Mario Monicelli, Federico Fellini, Tullio Pinelli, Giuseppe Mangione, P. Germi, Aldo Bizzarri; *fotografia* (b/n): Leonida Barboni; *musica*: Carlo Rustichelli; *scenografia*: Gino Morici; *montaggio*: Rolando Benedetti; *interpreti*: Massimo Girotti, Jone Salinas, Charles Vanel, Camillo Mastrocinque, Saro Urzì; *produzione*: Lux Film; *durata*: 99'; *origine e anno*: Italia, 1949.

RISO AMARO (BITTER RICE)
Regia: Giuseppe De Santis; *soggetto*: G. De Santis, Carlo Lizzani, Gianni Puccini; *sceneggiatura*: Corrado Alvaro, G. De Santis, C. Lizzani, Carlo Musso, Ivo Perilli, G. Puccini; *fotografia* (b/n): Otello Martelli; *musica*: Goffredo Petrassi; *scenografia*: Carlo Egidi; *costumi*: Anna Gobbi; *montaggio*: Gabriele Varriale; *interpreti*: Vittorio Gassman, Silvana Mangano, Raf Vallone, Doris Dowling, Checco Rissone; *produzione*: Lux Film; *durata*: 108'; *origine e anno*: Italia, 1949.

IL CAMMINO DELLA SPERANZA
Regia: Pietro Germi; *soggetto*: Federico Fellini, P. Germi, Tullio Pinelli, da un romanzo di Nino Di Maria; *sceneggiatura*: F. Fellini, T. Pinelli; *fotografia* (b/n): Leonida Barboni; *musica*: Carlo Rustichelli; *scenografia*: Luigi Ricci; *montaggio*: Rolando Benedetti; *interpreti*: Raf Vallone, Elena Varzi, Saro Urzì, Franco Navarra, Liliana Lattanzi; *produzione*: Lux Film; *durata*: 101'; *origine e anno*: Italia, 1950.

DOMENICA D'AGOSTO (SUNDAY IN AUGUST)
Regia: Luciano Emmer; *soggetto*: Sergio Amidei; *sceneggiatura*: Franco Brusati, L. Emmer, Giulio Macchi, Cesare Zavattini; *fotografia* (b/n): Domenico Scala, Leonida Barboni, Ubaldo Marelli; *musica*: Roman Vlad; *montaggio*: Jolanda Benvenuti; *interpreti*: Franco Interlenghi, Marcello Mastroianni, Vera Carmi, Ave Ninchi, Massimo Serato; *produzione*: Colonna Film; *durata*: 88'; *origine e anno*: Italia, 1950.

È PRIMAVERA... (SPRINGTIME IN ITALY)
Regia: Renato Castellani; *soggetto e sceneggiatura*: Cesare Zavattini, R. Castellani, Vitaliano Brancati, Suso Cecchi d'Amico; *fotografia* (b/n): Tino Santoni; *musica*: Nino Rota; *montaggio*: Jolanda Benvenuti; *interpreti*: Mario Angelotti, Elena Varzi, Donato Donati, Ettore Jannetti, Grazia Idonea; *produzione*: Universalcine; *durata*: 102'; *origine e anno*: Italia, 1950.

NON C'È PACE TRA GLI ULIVI (UNDER THE OLIVE TREE)
Regia: Giuseppe De Santis; *soggetto*: G. De Santis, Gianni Puccini; *sceneggiatura*: Libero De Libero, G. De Santis, Carlo Lizzani, G. Puccini; *fotografia* (b/n): Piero Portalupi; *musica*: Goffredo Petrassi; *scenografia*: Carlo Egidi; *costumi*: Anna Gobbi; *montaggio*: Gabriele Varriale; *interpreti*: Raf Vallone, Lucia Bosé, Folco Lulli, Maria Grazia Francia, Dante Maggio; *produzione*: Lux Film; *durata*: 100'; *origine e anno*: Italia, 1950.

PRIMA COMUNIONE (FIRST COMMUNION)
Regia: Alessandro Blasetti; *soggetto*: Cesare Zavattini; *sceneggiatura*: C. Zavattini, A. Blasetti; *fotografia* (b/n): Mario Craveri; *musica*: Alessandro Cicognini; *scenografia e costumi*: Veniero Colasanti; *montaggio*: Mario Serandrei; *interpreti*: Aldo Fabrizi, Gaby Morlay, Ludmilla Dudarova, Lucien Baroux, Enrico Viarisio; *produzione*: Universalia/Franco London Film; *durata*: 90'; *origine e anno*: Italia/Francia, 1950.

STROMBOLI (TERRA DI DIO)
Regia e soggetto: Roberto Rossellini; *sceneggiatura*: Sergio Amidei, R. Rossellini, Renzo Cesana, Gian Paolo Callegari, Art Cohn; *fotografia* (b/n): Otello Martelli; *musica*: Renzo Rossellini; *montaggio*: Jolanda Benvenuti, Roland Gross, Alfred L. Werker; *interpreti*: Ingrid Bergman, Mario Vitale, Renzo Cesana, Mario Sponza, Gaetano Famularo; *produzione*: Berit Films/R.K.O. Radio Pictures/Bero Productions; *durata*: 107'; *origine e anno*: Italia/USA, 1950.

ACHTUNG! BANDITI! (ATTENTION! BANDITS!)
Regia: Carlo Lizzani; *soggetto e sceneggiatura*: Rodolfo

Sonego, Ugo Pirro, Giuliani G. De Negri, Giuseppe Dagnino, C. Lizzani, Massimo Mida, Enrico Ribulsi, Mario Socrate; *fotografia* (b/n): Gianni Di Venanzo; *musica*: Mario Zafred; *scenografia*: Carlo Egidi; *montaggio*: Enzo Alfonsi; *interpreti*: Gina Lollobrigida, Andrea Checchi, Lamberto Maggiorani, Vittorio Duse, Giuseppe Taffarel; *produzione*: CSPC; *durata*: 100′; *origine e anno*: Italia, 1951.

BELLISSIMA

Regia: Luchino Visconti; *soggetto*: Cesare Zavattini; *sceneggiatura*: Suso Cecchi d'Amico, Francesco Rosi, L. Visconti; *fotografia* (b/n): Piero Portalupi, Paul Ronald; *musica*: Franco Mannino; *scenografia*: Gianni Polidori; *costumi*: Piero Tosi; *montaggio*: Mario Serandrei; *interpreti*: Anna Magnani, Walter Chiari, Tina Apicella, Gastone Renzelli, Tecla Scarano; *produzione*: Società Film Bellissima; *durata*: 130′; *origine e anno*: Italia, 1951.

I FIGLI DI NESSUNO (NOBODY'S CHILDREN)

Regia: Raffaello Matarazzo; *soggetto*: dal romanzo di Ruggero Rindi; *sceneggiatura*: Aldo De Benedetti; *fotografia* (b/n): Rodolfo Lombardi; *musica*: Salvatore Allegra; *scenografia*: Ottavio Scotti; *costumi*: Franca Modiano; *montaggio*: Mario Serandrei; *interpreti*: Yvonne Sanson, Amedeo Nazzari, Françoise Rosay, Folco Lulli, Enrica Dyrell; *produzione*: Titanus/Labor Film; *durata*: 105′; *origine e anno*: Italia, 1951.

GUARDIE E LADRI (COPS AND ROBBERS)

Regia: Mario Monicelli, Steno; *soggetto*: Piero Tellini; *sceneggiatura*: Aldo Fabrizi, Vitaliano Brancati, Ennio Flaiano, Ruggero Maccari, M. Monicelli, Steno; *fotografia* (b/n): Mario Bava; *musica*: Alessandro Cicognini; *scenografia*: Flavio Mogherini; *montaggio*: Adriana Novelli; *interpreti*: A. Fabrizi, Totò, Aldo Giuffré, Ernesto Almirante, Pietro Carloni; *produzione*: Golden Film; *durata*: 109′; *origine e anno*: Italia, 1951.

MIRACOLO A MILANO (MIRACLE IN MILAN)

Regia: Vittorio De Sica; *soggetto*: da un romanzo di Cesare Zavattini; *sceneggiatura*: C. Zavattini, V. De Sica, Adolfo Franci, Suso Cecchi d'Amico, Mario Chiari; *fotografia* (b/n): G.R. Aldo; *musica*: Alessandro Cicognini; *scenografia*: Guido Fiorini; *costumi*: Mario Chiari; *montaggio*: Eraldo Da Roma; *interpreti*: Francesco Golisano, Emma Gramatica, Paolo Stoppa, Guglielmo Barnabò, Brunella Bovo; *produzione*: PDS/ENIC; *durata*: 100′; *origine e anno*: Italia, 1951.

DUE SOLDI DI SPERANZA (TWO CENTS WORTH OF HOPE)

Regia: Renato Castellani; *soggetto*: R. Castellani, Ettore Maria Margadonna; *sceneggiatura*: R. Castellani, Titina De Filippo; *fotografia* (b/n): Arturo Gallea; *musica*: Alessandro Cicognini; *montaggio*: Jolanda Benvenuti; *interpreti*: Gina Mascetti, Felicetta Lattieri, Pasqualina Izza, Gioacchino Morrone, Vincenzo Musolino; *produzione*: Universalcine; *durata*: 95′; *origine e anno*: Italia, 1952.

EUROPA '51 (EUROPE '51/THE GREATEST LOVE)

Regia: Roberto Rossellini; *soggetto*: da un'idea di Massimo Mida e Antonello Trombadori; *sceneggiatura*: R. Rossellini, Sandro De Feo, Mario Pannunzio, Ivo Perilli, Brunello Rondi; *fotografia* (b/n): Aldo Tonti; *musica*: Renzo Rossellini; *scenografia*: Virgilio Marchi; *costumi*: Fernanda Gattinoni; *montaggio*: Jolanda Benvenuti; *interpreti*: Ingrid Bergman, Alexander Knox, Ettore Giannini, Sandro Franchina, Giulietta Masina; *produzione*: Ponti-De Laurentiis; *durata*: 110′; *origine e anno*: Italia, 1952.

ROMA ORE 11 (ROME 11:00)

Regia: Giuseppe De Santis; *soggetto e sceneggiatura*: Cesare Zavattini, Basilio Franchina, G. De Santis, Rodolfo Sonego, Gianni Puccini, Elio Petri; *fotografia* (b/n): Otello Martelli; *musica*: Mario Nascimbene; *scenografia*: Léon Barsacq; *costumi*: Elio Costanzi; *montaggio*: Gabriele Varriale; *interpreti*: Lucia Bosé, Carla Del Poggio, Maria Grazia Francia, Delia Scala, Elena Varzi; *produzione*: Transcontinental Film/Titanus; *durata*: 105′; *origine e anno*: Italia/Francia, 1952.

UMBERTO D.

Regia: Vittorio De Sica; *soggetto e sceneggiatura*: Cesare Zavattini; *fotografia* (b/n): G.R. Aldo; *musica*: Alessandro Cicognini; *scenografia*: Virgilio Marchi; *montaggio*: Eraldo Da Roma; *interpreti*: Carlo Battisti, Maria Pia Casilio, Lina Gennari, Memmo Carotenuto, Alberto Albani Barbieri; *produzione*: Dear Film; *durata*: 89′; *origine e anno*: Italia, 1952.

CRONACHE DI POVERI AMANTI (CHRONICLE OF POOR LOVERS)

Regia: Carlo Lizzani; *soggetto*: dal romanzo di Vasco Pratolini; *sceneggiatura*: Sergio Amidei, Giuseppe Dagnino, C. Lizzani, Massimo Mida; *fotografia* (b/n): Gianni Di Venanzo; *musica*: Mario Zafred; *scenografia*:

Peck G. Avolio; *montaggio*: Enzo Alfonsi; *interpreti*: Anna Maria Ferrero, Cosetta Greco, Antonella Lualdi, Marcello Mastroianni, Bruno Berellini; *produzione*: CSPC; *durata*: 115'; *origine e anno*: Italia, 1954.

VIAGGIO IN ITALIA (JOURNEY TO ITALY)

Regia: Roberto Rossellini; *soggetto e sceneggiatura*: Vitaliano Brancati, R. Rossellini, da una novella di Colette; *fotografia* (b/n): Enzo Serafin; *musica*: Renzo Rossellini; *scenografia*: Piero Filippone; *costumi*: Fernanda Gattinoni; *montaggio*: Jolanda Benvenuti; *interpreti*: Ingrid Bergman, George Sanders, Maria Mauban, Anna Proclemer, Paul Müller; *produzione*: Sveva Film/Junior Film/Italia Film/I.E.C./Ariane Film/Francinex Film; *durata*: 97'; *origine e anno*: Italia/Francia, 1954.

GLI SBANDATI (ABANDONED)

Regia: Francesco Maselli; *soggetto*: Eriprando Visconti; *sceneggiatura*: E. Visconti, F. Maselli, Aggeo Savioli; *fotografia* (b/n): Gianni Di Venanzo; *musica*: Giovanni Fusco; *scenografia*: Gianni Polidori; *costumi*: Emanuela Castelbarco; *montaggio*: Antonietta Zita; *interpreti*: Jean-Pierre Mocky, Isa Miranda, Lucia Bosé, Leonardo Botta, Ivy Nicholson; *produzione*: Trionfalcine/C.V.C.; *durata*: 100'; *origine e anno*: Italia, 1955.

IL FERROVIERE (THE RAILROAD MAN)

Regia: Pietro Germi; *soggetto*: Alfredo Giannetti; *sceneggiatura*: P. Germi, A. Giannetti, Luciano Vincenzoni, Ennio De Concini, Carlo Musso; *fotografia* (b/n): Leonida Barboni; *musica*: Carlo Rustichelli; *scenografia*: Carlo Egidi; *costumi*: Mirella Morelli; *montaggio*: Dolores Tamburini; *interpreti*: P. Germi, Luisa Della Noce, Sylva Koscina, Saro Urzì, Carlo Giuffré; *produzione*: ENIC; *durata*: 120'; *origine e anno*: Italia, 1956.

LA SFIDA (THE CHALLENGE)

Regia: Francesco Rosi; *soggetto e sceneggiatura*: F. Rosi, Suso Cecchi d'Amico, Enzo Provenzale; *fotografia* (b/n): Gianni Di Venanzo; *musica*: Roman Vlad; *scenografia*: Franco Mancini; *costumi*: Marilù Carteny; *montaggio*: Mario Serandrei; *interpreti*: José Suárez, Rosanna Schiaffino, Nino Vingelli, Decimo Cristiani, Pasquale Cennamo; *produzione*: Vides Cinematografica/Lux Film/Cinecittà/Suevia Films; *durata*: 95'; *origine e anno*: Italia/Spagna, 1958.

SALVATORE GIULIANO

Regia: Francesco Rosi; *soggetto e sceneggiatura*: F. Rosi, Suso Cecchi d'Amico, Enzo Provenzale, Franco Solinas; *fotografia* (b/n): Gianni Di Venanzo; *musica*: Piero Piccioni; *scenografia*: Sergio Canevari, Carlo Egidi; *costumi*: Marilù Carteny; *montaggio*: Mario Serandrei; *interpreti*: Frank Wolff, Salvo Randone, Federico Zardi, Pietro Cammarata, Nando Cicero; *produzione*: Vides Cinematografica/Lux Film/Galatea Film; *durata*: 125'; *origine e anno*: Italia, 1962.

LE MANI SULLA CITTÀ (HANDS OVER THE CITY)

Regia: Francesco Rosi; *soggetto*: F. Rosi, Raffaele La Capria; *sceneggiatura*: F. Rosi, R. La Capria, Enzo Provenzale, Enzo Forcella; *fotografia* (b/n): Gianni Di Venanzo; *musica*: Piero Piccioni; *scenografia*: Sergio Canevari; *costumi*: Marilù Carteny; *montaggio*: Mario Serandrei; *interpreti*: Rod Steiger, Salvo Randone, Guido Alberti, Angelo D'Alessandro, Carlo Fermariello; *produzione*: Galatea Film; *durata*: 105'; *origine e anno*: Italia, 1963.

Silvana Editoriale

Direzione editoriale / Direction
Dario Cimorelli

Art Director
Giacomo Merli

Redazione / Copy Editing
Sergio Di Stefano, Lorena Ansani

Impaginazione / Layout
Mirco Ameglio, Anna Aurea

Coordinamento organizzativo / Production Coordinator
Michela Bramati

Segreteria di redazione / Editorial Assistant
Ondina Granato

Ufficio iconografico / Photo Editor
Alessandra Olivari, Silvia Sala

Ufficio stampa / Press Office
Lidia Masolini, press@silvanaeditoriale.it

Diritti di riproduzione e traduzione
riservati per tutti i paesi
All reproduction and translation rights
reserved for all countries
© 2015 Silvana Editoriale S.p.A.,
Cinisello Balsamo, Milano
© 2015 Museo Nazionale del Cinema

A norma della legge sul diritto d'autore e del codice
civile, è vietata la riproduzione, totale o parziale,
di questo volume in qualsiasi forma, originale
o derivata, e con qualsiasi mezzo a stampa,
elettronico, digitale, meccanico per mezzo
di fotocopie, microfilm, film o altro, senza
il permesso scritto dell'editore.
Under copyright and civil law this volume
cannot be reproduced, wholly or in part,
in any form, original or derived, or by any means:
print, electronic, digital, mechanical, including
photocopy, microfilm, film or any other medium,
without permission in writing from the publisher.

Silvana Editoriale S.p.A.
via dei Lavoratori, 78
20092 Cinisello Balsamo, Milano
tel. 02 45 39 51 01
fax 02 45 39 51 51
www.silvanaeditoriale.it

Le riproduzioni, la stampa e la rilegatura
sono state eseguite in Italia
Reproductions, printing and binding in Italy
Stampato da / Printed by Grafiche Aurora, Verona
Finito di stampare
nel mese di maggio 2015
Printed May 2015